한자어 이야기

누구나 알지만 아무나 모르는

한자어 이야기

홍승직 지음

행성B 잎새

지은이의 말

어쩌면 단단히 오해를 사게 될지도 모르겠다. 교육부에서 2018년부터 초등학교 교과서에 한자를 병기할 예정이라고 하니까, 이를 틈타 소주값이나 벌어 보려고 이런 책을 낸다고 말이다. 하지만 오해이다. 이 책 얘기가 나오기 전까지 나는 교육부 계획을 전혀 알지 못했다.

이 책의 계기는 오로지 두 가지이다. 첫째, 약 20년 전 아무개 스포츠 신문에 〈재미있는 한자 이야기〉라는 칼럼을 약 3년 동안 연재한 적이 있다. 실제로 재미있었는지 여부는 다른 이야기이므로, 여기선 거론하지 않는 것이 좋겠다. 어쨌든 학술적 깊이를 기대하기는 힘들고, 말처럼 재미가 있는지도 모르겠고, 그럼에도 사자에게 쫓기는 사슴처럼 매일 마감시간에 쫓기며 나름대로 이것저것 뒤적여서 써냈기에 여전히 애착이 있음을 부정할 수 없는 약 900개의 원고 파일이 여러 번 컴퓨터를 바꾸는 와중에도 사라지지 않고 지금까지 전해졌다.

둘째, 다른 번역서 기획 문제로 행성B 출판사 대표님을 만나 얘기하던 도중 우연히 이 원고 얘기가 나왔다. 대표님은 전혀 뜻밖에도 여우를 쫓다가 토끼를 발견한 사자처럼 이 원고에 관심을 나타내셨다. 그래서 이렇게 느닷없이 책이 나오게 되었다.

나는 소심하고 우유부단하다. 초등학교 교과과정에서 한자를 가르쳐야 한다느니 그러면 안 된다느니 하는 논쟁에서 어느 편에 서고 싶지도 않고 뚜렷한 주견도 없다. 이에 대한 논쟁을 지켜본 적이 있다. 어쩌면 당연한 현상이겠지만, 찬성하는 자는 그 정책이 시행되면 적잖은 이득을 보게 되는 단체에 소속된 자였고, 반대하는 자는 감정적 측면에 기대서 성토하고 규탄하여 설득력이 부족했다. 하지만 난 정책에는 관심없다. 정책이 어떻든 토론의 방향이 어떻든 한 가지 변함없는 사실이 있다. 우리말 속에 한자어가 숨어 있다는 사실이다.

   말 잘하고 글 잘 쓰는 것은 누구에게나 필요하고 중요하다. 하지만 내게는 자질도 능력도 부족해서, '잘'하고 '잘' 쓰는 것은 이미 포기했다. 그저 적절히만 써도 좋겠다는 바람이다. 그러자니 우리말에서는 한자어가 문제가 되었다.

   "연 나흘째 계속 내린 폭우로 인하여 충남 남부 일대의 논밭이 완전히 초토화되었습니다."라고 말하는 뉴스를 본 적이 있다. 여기서 '초토화'라는 말이 문제였다. '초토화'는 '焦土化'로, '초焦'는 '불에 타다, 그을리다'이다. 화재, 폭발, 폭격 현장을 묘사할 때 쓰는 말이다. 참혹한 현장을 묘사하는 말이긴 하지만, 물난리가 난 현장을 설명하기엔 부적절하다.

   뭔가 감춰진 것을 찾아보고 은밀한 것을 들춰보는 것에서 사람은 재미를 느낀다. 우리말 속에 있는 한자어를 찾아보는 것은 우리말이 입은 옷을 벗겨 보는 것이라고 나는 비유한다. 독자 여러분도 이 책

과 함께 우리말 속살을 하나하나 만져보는 은밀한 행위에 동참하길
기대한다. 말과 글을 정확하게 구사하는 능력이 부수적으로 따라오
는 것은 두말할 것도 없다.

2015년 9월 홍승직

차례

Chapter 1

한자어　　　이야기

가정
假定

[가] 거짓 · 임시 · 빌다 · 가령 [정] 정하다 · 안정시키다 · 반드시

○ 가정이란 '임시로 정하다' 또는 '사실이 아니거나 사실인지 아닌지 아직 분명하지 않은 것을 사실인 것처럼 인정하다'라는 뜻이다. 가정은 수학, 물리, 화학 등 자연과학이 발달하는 데 큰 역할을 한다. 아직은 증명되지 않은 이론을 가정한 후에 이를 증명하고 확인하는 과정에서 그 이론이 증명되고 또 새로운 이론이 발견되곤 하기 때문이다.

'역사歷史에는 가정이 있을 수 없다'는 말도 있다. 이미 있었던 사실을 확인하고 분석하여 교훈을 얻고 앞길을 제시하는 것이 역사이기 때문이다. 그래도 우리는 '만약 삼국시대 때 고구려가 삼국을 통일했었다면…', '만약 지난 대선 때 ○○○가 당선되었다면…' 등등 가끔 역사를 가정해 보면서 열띤 토론을 하며 흥미를 얻기도 한다. 예전에 "식민지 시대에 일본이 한반도에 좋은 일도 했다."는 일본 고위 관리의 망언에 대해 가정을 통해 반박한 기사가 있었다. 만약 2차 대전 이후 일본이 미국의 한 주州로 합병되었다고 가정한다면? 미국이 일본의 독립운동을 가혹하게 탄압하고 이름도 미국식으로 바꾸게 하는 한편, 학교를 세워 신식 교육도 하고 철도도 가설했다고 가정하면? 일본은 과연 미국이 좋은 일도 했다고 해서 감사할 수 있을까?

각색
脚色

[각] 다리 · 밟다 [색] 빛 · 낯 · 색

○ 각색에는 여러 뜻이 있다. 요즘 쓰이는 각색의 뜻은 소설이나 전설, 시, 동화 등을 무대 상연이나 영화, 방송 등에 알맞도록 고쳐 쓰는 일을 말한다. 인기 있는 소설을 영화로 만드는 것은 흔한 일인데, 설명하듯 쓰여진 내용을 배우의 동작이나 대사 중심으로 모두 각색해야 한다. 혹은 실제로 없는 일을 더 보태어 사실인 것처럼 꾸며서 이야기를 재미있게 하는 것 역시 각색이라고 한다.

원래 각색이란 중국의 전통 연극에서 남녀, 나이, 신분, 성격 등에 따라 분장과 동작 등을 구분하는 것을 가리키는 말이었다. 관객은 배우의 분장과 동작을 통해 그 사람의 극중 역할이 남자인지 여자인지, 나이가 많은지 적은지, 지위가 높은지 낮은지, 성격이 온순한지 포악한지 등을 알 수 있었다.

또한 옛날에 처음으로 벼슬할 때 제출해야 하는 서류를 각색이라고 했다. 이 각색에는 그 사람의 본적, 가족관계, 나이, 관직 경력, 범죄 사실 유무 등이 기록되어 있었다. 마치 오늘날의 이력서와 같은 것이었다.

각오
覺悟

[각] 깨닫다 · 깨우치다 · 느끼다 [오] 깨닫다 · 깨우치다

○ 졸업이나 입학 시즌은 너도나도 새로운 각오를 하는 시기이다. 이럴 때의 각오는 '어떤 마음의 준비나 다짐을 하다'를 뜻한다. 하지만 각오의 원래 뜻은 이와 조금 다르다.

각오의 원래 뜻은 '깨닫다'이다. 조금 길게 말하자면 '이전의 잘못을 깨달아 알다'이다. '잠에서 깨다, 꿈에서 깨다'는 뜻의 각성覺醒과 마찬가지로 '이제까지의 잘못을 깨닫다'는 말로 쓰인다.

글자 '覺'과 '悟'는 모두 '깨달음'과 관계있는 글자이다. 불교에서 각오란 미혹迷惑으로부터 벗어나 진리를 깨닫고 참다운 지혜를 여는 것이다. 불교 용어에도 '覺'이나 '悟'가 들어가는 말이 많이 있다. '각왕覺王, 깨달음의 왕'·'각자覺者, 깨달은 사람' 등은 부처의 별칭으로 쓰인다. '바다처럼 넓고 깊은 깨달음의 세계'란 뜻에서 불교 자체를 '각해覺海'라고도 한다. 또한 '번뇌를 벗어나 진리를 깨닫는 길'을 오도悟道라고 하고, '깨달음의 세계'를 오계悟界라고 한다.

그밖에 각오는 '죽음을 각오하다', '각오는 되었느냐?' 등의 예와 같이 '앞으로 닥쳐올 일을 미리 알아차리고 마음을 정하다'의 뜻으로도 쓰인다.

각하
閣下

[각] 층집 · 대궐 [하] 아래

○ 각하는 존귀한 사람에 대한 존칭으로 쓰인다. 요즘에는 그렇지 않지만, 예전엔 대통령을 언급할 때 각하라는 존칭을 쓰지 않으면 대단한 불경不敬을 저지른 것으로 취급된 적이 있었다.

각하뿐만 아니라 귀하貴下를 비롯하여 전하殿下, 폐하陛下, 합하閤下, 족하足下 등의 존칭에는 모두 '하下'가 들어 있다. '下'는 '아래' 또는 '낮다'는 뜻인데, 어떻게 높은 사람의 호칭으로 쓰이게 되었을까?

사람은 태어나면 저마다 이름을 가진다. 그런데 옛날에는 자기의 자식이나 친구가 아닌 경우에는 이름을 직접 부르는 것이 금기시되었다. 하물며 왕이나 높은 사람들을 대할 때는 얼굴도 제대로 들고 보지 못했는데, 호칭을 하는 것은 더욱 어려운 일이었다. 그래서 '왕께서 계신 전각殿閣의 아래'라는 뜻인 전하 또는 각하라는 말로 호칭을 대신하게 되었다. 폐하 역시 '왕께서 계신 계단 아래'라는 말로 왕을 대신 호칭한 것이다.

직접 이름을 부르지 못해 존칭이 사용된 원래 의도에 따르면 이름과 지위와 호칭을 모두 붙여서 '○○○ 대통령 각하'라고 사용하는 것은 틀린 셈이었다.

간언
諫言

[간] 간언하다 · 윗사람에게 충고하다 [언] 말

○ 간언은 '왕이나 윗사람에게 충고하는 말'이다. 왕이나 윗사람이라고 해서 모든 일을 바르게 처리할 수 있는 것은 아니다. 그럴 경우 윗사람의 잘못에 충고하는 것이 참으로 어려운 일이다. 혹시 비위를 잘못 건드려 화를 입을지도 모르기 때문이다. 반면에 정말 잘못이 있다면 비록 아랫사람의 지적을 고맙게 받아들이고 고치는 것 또한 훌륭한 윗사람의 모습이다.

옛날 어떤 왕이 새로 즉위한 다음날 모든 신하들을 불러 모아놓고 이렇게 말했다. "선왕께서 여러분의 의견을 듣지 않으시고 독단적으로 정치를 했기 때문에 전쟁에서 패하고 목숨까지 잃으셨소. 이제부터 여러분은 두려워하지 말고 내게 간언을 많이 해주시오. 나는 허심탄회하게 여러분의 의견을 듣겠소." 한 신하가 말했다. "폐하, 물론 좋은 일이지요, 그러나…." 왕이 발끈 화를 내며 말했다. "그러나 뭐요? 뭐가 어쨌다는 말이요?" 또 한 신하가 말했다. "마땅히 폐하께서 말씀하신 대로 해야지요, 그러나…." 왕은 화를 참지 못하고 소리를 질렀다. "그러나 뭐요? 그대로 하면 될 거 아니요?"

두 신하는 회의가 끝나고 돌아가면서 저희들끼리 말했다. "앞으로 우리는 절대 간언을 하지 않는 것이 낫겠소."

간판
看板

[간] 보다 · 방문하다 · 지키다 　[판] 널빤지 · 판목 · 명패

○ 어느 거리를 가도 가장 먼저 눈에 들어오는 것은 가지각색의 간판이다. 간판이란 '가게 따위에서 여러 사람의 주의를 끌기 위해 상호, 상품명, 영업 종목 등을 써서 내건 표지標識'를 말한다. 또는 '남 앞에 내세울 만한 외관, 학벌, 경력 따위'를 일컫는 말로도 쓰인다. 외관이나 학벌, 경력 등이 남달리 좋은 청년을 '간판이 좋은 청년'이라 하고, 대표급 연예인이나 운동 선수를 '간판 스타'라고 하는 것이 그 예이다.

간看은 손을 눈 위로 올려 이마에 얹고 바라보는 모습을 형용한 글자이다. 요즘 거리의 간판은 그야말로 난잡한 지경이다. 뜻을 알 수 없는 한글, 국어에 일가견이 있다는 학자나 작가도 도무지 무슨 뜻인지 알 수 없는 간판이 수두룩하다. 심각한 것은 분별없이 사용되는 갖가지 외국어 간판이다. 심한 경우에는 외국어라고 해서 그 나라 사람을 데려가 물어보아도 무슨 말인지 알아보지 못한다는 것이다. 더욱 우스운 것은 그 간판을 사용한 주인 역시 제대로 설명하는 경우가 거의 없다. 무분별한 언어 사용은 알게 모르게 우리의 사고와 생활을 좀먹는다.

한자어 이야기

갈등

葛藤

[갈] 칡 [등] 등나무

○ 갈등이라는 한자에 대한 이야기를 쓰려 하니, 이렇게 써야 할지 저렇게 써야 할지 갈등이 생긴다. 갈葛은 '칡'이고 등藤은 '등나무'이다. 칡과 등나무는 줄기가 주위에 있는 것을 온통 휘감으며 자라는 대표적인 덩굴식물이다.

요즘에는 덩굴을 이용해 건물의 벽을 치장하거나, 줄기가 튼튼한 탓에 고급 의자나 가구의 재료로 사용하기도 하지만, 산과 들에서는 일단 갈등에 얽혀든 식물은 제대로 자라지 못하게 된다. 이로부터 갈등은 '간사한 것, 분란, 불화不和, 방해 요소' 등을 뜻하는 말로 쓰인다. 그래서 '갈등이 생기다'는 '일이 까다롭게 뒤얽히다', '서로 불화하여 다투다'라는 뜻이다.

일상에서 자신에게 생기는 갈등은 어떻게 해서든 벗어나고 싶겠지만, 소설이나 영화 등에서는 일부러 갈등을 만든다. 독자나 관객이 함께 웃고, 울고, 슬퍼하고, 기뻐하며 몰입하게 만드는 것이 바로 끊임없는 작품 속의 갈등 때문이다. 우수한 작품에 주어지는 상은 결국 갈등을 잘 만들었다고 주는 상인 셈이다.

강보
襁褓

[강] 포대기 [보] 포대기

○ 우리의 한자 자전에서는 강襁의 뜻도 포대기, 보褓의 뜻도 포대기, 그리고 둘을 합친 강보襁褓의 뜻도 포대기로 되어 있다. 같은 뜻이라면 굳이 다른 글자를 만들 필요가 있었을까?

우리말의 포대기란 '아기를 등에 업을 때 쓰는 끈과 보가 달린 것'을 뜻하기도 하고 '아기를 감싸는 보'를 뜻하기도 한다. 강보의 뜻은 포대기이지만, 한 글자씩 놓고 보면 강襁과 보褓는 원래 조금 달랐다. 아기를 등에 업을 때 덮어 매는 것을 강襁이라고 하고, 아기를 감싸는 작은 이불을 보褓라고 한다. 간단히 말해서 강襁은 '아기 끈'이고, 보褓는 '아기 보'이다. 지금은 모두 옷 의衣 부수로 글자를 쓰지만 옛날에는 실 사糸 부수로 쓰기도 했다.

나라마다, 지역마다, 그리고 시대에 따라서 아기를 키우는 풍습이 달라서 그에 따라 강보의 종류와 의미도 조금씩 달라진다. 그밖에 강보는 '아기 시절, 어린 시절'을 일컫는 대명사로도 많이 쓰인다.

강태공
姜太公

[강] 성 [태] 크다·심히·매우 [공] 공평하다·존칭

○ '낚시꾼' 또는 '낚시를 좋아하는 사람'을 강태공이라고 한다. 우리는 강태공이라는 호칭을 쓰지만 중국에서는 태공망太公望으로 많이 알려져 있다.

강태공은 고대 중국 주周나라 초기의 현신賢臣으로, 성姓은 '강姜'이고, 씨氏는 '려呂'이며, 이름은 '상尙'이다. 그래서 처음에는 '여상呂尙'이라고 불렸다. 그는 은殷나라 말기의 혼란한 세상을 피해 위수渭水라는 물가에서 낚시를 하며 세월을 보냈다. 주나라 문왕文王이 사냥을 나갔다가 낚시를 하던 강태공을 만났다. 문왕은 그가 바로 조부께서 말씀하신 주나라를 흥성시킬 현명한 인물임을 알아보고, "나의 조부께서 당신이 나타나길 오랫동안 기다렸소."라고 말했다고 한다. 이후 강태공은 문왕과 그의 아들 무왕武王의 스승 및 보좌가 되어, 무왕이 은나라의 폭군 주왕紂王을 물리치는 데 큰 공을 세웠다고 한다.

태공太公은 부친, 조부 또는 남의 부친이나 나이 많은 연장자를 높여서 부르던 호칭이었다. 태공망太公望이라는 호칭은 원래 문왕이 여상呂尙을 만나 했던 말에서 연유하여, '조부太公가 나타나길 바랐던望 인물'이라는 뜻이다. 낚시를 즐기던 강태공이 낚은 것은 결국 물고기가 아니라 문왕과 천하였다.

개발·계발
開發·啓發

[개] 열다 · 펴다 **[발]** 쏘다 · 열다 · 드러나다 **[계]** 열다 · 인도하다

○ '개발'과 '계발'은 발음과 의미가 비슷해서 혼동하기 쉬운 한자어이다. 개발과 계발은 같은 뜻일까, 다른 뜻일까? 다르다면 어떻게 다를까?

우리는 모르는 한자를 우리말로 풀어서 이해한다. 그런데 중국 사람들은 모르는 한자를 이렇게 이해하고 있을까? 바로 비슷한 뜻의 나른 글자로 이해한다. '개開'와 '계啓'는 모두 원래 뜻이 '열다'이다. 그래서 옛날 중국 서적을 보면 '개開의 뜻은 계啓와 비슷하다'거나 '계啓의 뜻은 개開와 비슷하다'고 풀이하고 있다. 그러면 개발과 계발은 같은 뜻의 단어인가? 그렇지는 않다.

개발의 뜻에는 '열다', '봉한 것을 뜯다', '개척, 발전', '슬기, 지능, 식견 등을 열어 주다' 등이 있다. 여기서 가장 마지막 뜻이 바로 계발이다. 즉 같은 개발의 의미이지만 정신적 · 교육적 측면을 말할 때는 계발이라고 한다. 반면에 물질적 · 경제적 측면을 말할 때는 반드시 개발로 써야 한다.

지나친 주입注入 교육이 우리 교육 현실에서 가장 큰 문제라고 한다. 주입 교육과 반대되는 말이 바로 계발 교육이다. '계발 교육'은 또한 '개발 교육'이라고도 한다. 하지만 '경제개발'을 '경제계발'이라고 할 수 없고, '개발도상국'을 '계발도상국'이라고 할 수 없다.

한자어 이야기

거세
去勢

[거] 없애다 · 제거하다 · 가다 [세] 세력 · 형세 · 생식기

○ 거세란 원래 동물의 생식기를 없애버리는 것을 뜻했다. 요즘도 가축을 키울 때 수컷은 성격을 온순하게 하기 위해, 암컷은 살이 오르게 하기 위해 거세를 많이 한다고 한다. 이로부터 거세는 '반대나 저항을 못하도록 세력을 꺾어버린다'는 뜻으로도 쓰인다.

옛날에는 사람도 거세를 했다. 그런데 사람은 거세한다고 해서 온순해지는 않았던 모양이다. 궁중에서 왕을 가장 측근에서 모시던 환관宦官은 거세된 사람이 대부분이었다. 환관은 왕의 최측근으로, 마음만 먹으면 왕의 비위를 잘 맞추어 나라의 정치를 좌지우지하기도 했다. 옛날 중국의 오吳나라에서 환관이 나라를 쥐락펴락하여 백성들은 불만이 많았다. 애자艾子라는 사람이 집에 숫양 두 마리를 키우고 있었는데, 양들이 성질이 고약하여 낯선 사람만 보면 달려들어 뿔로 받곤 했다. 애자를 만나러 간 사람 가운데 양에게 혼나지 않은 사람이 없었다. 애자의 제자들이 말했다. "양이 저렇게 사납게 구니 큰일입니다. 듣자 하니 거세를 하면 온순해진다고 하는데, 저것들도 거세하면 어떻겠습니까?" 애자는 웃으면서 말했다. "아니다, 아니야! 거세하면 더 사나워지느니라."

건배
乾杯

[건] 마르다 [배] 잔

○ "건배!" 술을 좋아하는 사람은 이 말만 들어도 입에 침이 고일 것이다. 건배는 '술잔을 말리다', 즉 '술잔의 술을 다 마셔 비우다'라는 뜻이다. 술자리에서 서로 잔을 높이 들어 상대방의 건강이나 행운을 빌면서 마시기를 권하는 구호로 애용되는 말이다.

우리의 음주 문화는 유난히 건배를 고집한다. 심지어 건배를 확인하기 위해 마신 술잔을 머리 위로 뒤집어 보이기까지 한다. 그리고 건배하지 않은 잔에는 술을 따라 주지도 않는다. 심지어 서로 잔을 돌려가면서 건배를 강요하기도 한다. 적당히 술을 즐기는 사람들도 지나친 건배 문화 때문에 술자리에 가기 싫다고 할 정도이다. 대학의 새내기 환영회에서 큰 그릇에 술을 가득 부어 억지로 건배를 강요하다가 사고를 부른 일도 있었다.

같은 동양이지만 중국과 일본에서는 잔을 돌리는 풍습도 없고 억지로 건배를 강요하지 않는다. 그저 한 모금이면 한 모금, 반 잔이면 반 잔, 상대방이 마신 만큼 술을 더 따라 준다. 상대방의 주량酒量을 인정하는 것이 즐거운 술자리를 위한 일이다.

한자어 이야기

경직
硬直

[경] 굳다 · 단단하다 · 가로막다 [직] 곧다 · 곧게 하다

○ 경직은 '굳어서 빳빳하게 되다, 꼿꼿하게 굳다'라는 뜻이다. 부드러웠던 물체가 단단하게 굳는 것이다. 때로는 죽음을 뜻하기도 한다. 모든 생물은 일단 죽으면 경직되기 때문이다.

요즘에는 경직이란 말이 물체뿐만 아니라 사람의 생각이나 행동 등의 양태를 나타내는 말로 더 많이 쓰인다. 여러 가능성과 다양성을 고려하지 않고 오직 어느 한 가지나 한 방향만 고집할 때 경직되었다고 한다. '경직된 사고방식', '경직된 기업 경영'이니 하는 말이 그 예이다.

개인적으로든 사회적으로든 획일적이거나 지나치게 편의와 안정만 추구하는 것에서 경직된 사고와 행동이 나온다. 너도나도 꿈꾸고 외치는 새로운 사회로의 도약을 성취하기 위해서는 경직된 사고와 행동을 버려야 한다. 생물의 몸으로 따지면 경직이 곧 죽음이듯, 사고와 행동도 마찬가지이다.

경질
更迭

[경] 고치다 · 바꾸다 · 번갈아 [질] 갈마들다 · 교대하다 · 번갈아

○ 정부에서 개각할 때가 되면 '○○부 장관이 경질일까, 유임留任일까' 하는 것이 큰 관심거리가 된다.

경질은 '어떤 직위에 있던 사람을 바꾸고 딴 사람을 그 자리에 임용한다'는 말이다. 간단히 말해서 '교체하다, 새롭게 바뀌다'의 뜻이다. 반대로 유임留任은 원래 있던 사람을 계속 그 자리에 임용한다는 말이다.

경更은 느슨해진 물건을 다시 팽팽하게 조이는 모양에서 나왔다. '고치다, 바꾸다'의 뜻으로 쓰일 경우에는 '경'으로 읽고 '다시'의 뜻으로 쓰일 경우에는 '갱'으로 읽어야 한다. '죽을 지경에서 다시 살아나다, 못쓰게 된 것을 다시 손을 대어 쓰게 만들다'의 뜻을 가진 갱생更生이 그 예이다.

그러면 '更新'은 어떻게 읽어야 할까? '운동 선수가 기록을 更新하다'와 같이 '고쳐서 새롭게 하다'의 뜻으로 쓰일 경우에는 '경신'으로, '계약 更新'과 같이 '다시 새롭게 하다, 다시 새로워지다'의 뜻으로 쓰일 경우에는 '갱신'으로 읽어야 한다.

고독
孤獨

[고] 외롭다 · 홀로 · 고아 · 나 [독] 홀로 · 홀몸

○ 가을은 고독의 계절이라고들 한다. 계절 자체가 고독한 분위기를 물씬 풍기기 때문이다. 고독이란 '외롭다' 또는 '짝이 없는 홀몸'을 말한다. '고孤'도 '독獨'도 모두 '홀로, 혼자, 홀몸'의 뜻이다.

젊은 남녀들은 일부러 고독한 분위기를 즐기기도 한다지만, 원래 고독은 원래 그렇게 즐길 것이 아니었다. 옛날에는 도와줄 사람 하나 없고 의지할 데 없어 가장 불쌍한 처지에 있는 네 부류의 사람들을 환鰥 · 과寡 · 고孤 · 독獨이라고 했다.

환鰥은 늙어서 아내가 없는 남자, 즉 '홀아비'이다. 홀로 있기를 좋아하며 늘 근심으로 눈을 감지 못한다는 전설의 물고기 이름이기도 했다. 과寡는 늙어서 남편이 없는 여자, 즉 '과부'를 가리킨다. 고孤는 어려서 부모가 없는 아이이고, 독獨은 늙어서 자식이 없는 사람이다. 지금도 부모의 상중喪中에 있는 자식이 자기를 말할 때 고孤라고 한다.

예로부터 그 사회의 정치 및 복지 수준은 환鰥 · 과寡 · 고孤 · 독獨, 네 부류의 사람들이 어떻게 지내는지를 보면 알 수 있다고도 했다.

고혹

蠱惑

[고] 뱃속 벌레 · 곡식 벌레 · 미혹하게 하다 [혹] 미혹하게 하다

○ 고혹은 '사람의 마음을 미혹하게 하다', '남의 마음을 호려 제대로 판단하지 못하게 하다', '남을 꾀어 속이다' 등의 뜻으로 쓰인다. 글자 모양으로도 짐작할 수 있듯이, 고혹의 '고蠱'는 벌레와 관계있는 글자이다. 사람의 뱃속에 기생하는 벌레 혹은 곡식 속에 있는 벌레를 고蠱라고 했다. 혹은 남을 헤치려는 푸닥거리에 쓰는 벌레나 그 술법을 일컫기도 했다. 이로부터 악기惡氣, 해독 등의 뜻도 생기게 되었고, '미혹하다'의 뜻도 생겼다.

흔히 여성의 아름다운 자태를 말할 때 '고혹적蠱惑的'이라고 한다. 올바른 판단을 못하게 할 만큼 아름답다는 말이다. 매혹魅惑이라는 말도 있다. '매魅'는 '도깨비'이므로, 매혹魅惑은 '도깨비에 홀린 것처럼 남을 현혹하게 한다'는 뜻이다.

그렇다면 여성의 아름다움을 말할 때 '고혹적이다'라는 말과 '매혹적이다'라는 말 중 어느 것이 더 아름답다는 것일까? 둘 다 제정신을 잃게 할 정도라는 점에서 결국 우열을 가리기는 힘들다.

한자어 이야기

과묵
寡黙

[과] 적다 [묵] 묵묵하다 · 고요하다 · 어둡다

○ 과묵에서 '과寡'는 '말이 적다, 말을 적게 한다'는 뜻이고, '묵黙' 역시 '묵묵하다, 말이 없다'는 뜻이다. 그래서 과묵은 '말을 삼가 적게 하다, 말이 적고 침착하다'는 뜻이다.

예로부터 동양인들은 미덕 가운데 하나로 과묵을 꼽았다. '훌륭한 사람일수록 말이 적고 가벼운 사람일수록 말이 많다'는 말이 《역경 易經》에 나온다.

과寡는 '집 안宀'에 쌓아둔 물건을 '나누다頒'를 뜻하는 말로, 자꾸 나누어 주면 물건이 적어지기 마련이므로 '적다'라는 뜻이 생겼다.

또한 과寡는 겸손함을 표현할 때에도 많이 쓰인다. 예를 들어 상대방의 의견을 완곡하게 부정할 때 "제가 과문寡聞한 탓인지, 그런 이야기는 들은 적이 없습니다."라고 말하는데, 여기서 과문은 '견문이나 견식이 적다'는 뜻이다. 과문천식寡聞淺識이라고도 한다.

옛날에는 왕이나 귀부인이 자신을 가리킬 때 '과인寡人'이라고 했다. 과덕지인寡德之人, 덕이 모자란 사람의 준말이었다.

관문
關門

〰〰〰〰〰〰〰〰〰〰〰〰〰〰〰〰〰〰〰

[관] 빗장 · 잠그다 · 관문 **[문]** 문

○ 관문의 원래 뜻은 '문을 굳게 닫다' 또는 '굳게 닫은 문'이다. '국경이나 요새에 설치한 문'을 뜻한다.

관關은 여러 가지 뜻으로 쓰이는데, 원래 문에 빗장을 가로지른 모양을 본뜬 것이다. 예로부터 나라와 나라 사이 또는 지역과 지역 사이에는 엄격하게 왕래를 관리했다. 그래서 경계 지점에 성을 쌓고 중간에 문을 만들어, 그 문을 통해서만 왕래가 가능하게 했다. 이로부터 관關에 '국경'이라는 뜻이 생기게 되었다.

'통관通關'은 '관문을 통과하다, 국경을 통과하다'라는 뜻이다. '관세關稅'는 '국경을 통과할 때 내는 세금' 즉 '수출이나 수입할 때 내는 일정액의 세금'을 뜻한다. 관關은 이와 같이 지역과 지역을 연결하는 역할을 하기 때문에 '연결, 관계' 등의 뜻도 생기게 되었다.

또한 관문은 아주 어려운 난관을 뜻하기도 해서 '고시의 관문을 통과하다'와 같이 쓰이기도 한다.

괄호
括弧

[괄] 묶다 · 담다 · 싸다 [호] 활

○ 괄호란 숫자나 문자, 문장, 수식의 일정한 부분을 다른 것과 구분하기 위하여 묶는 기호를 말한다. 흔히 쓰는 모양으로 ( ), [ ], { } 등이 있다.

아주 자주 쓰고 있으면서도 '괄호'를 제대로 발음하지 못하는 사람이 많다. '갈호' 또는 '과로'라거나 심지어 '가로'라고 하는 사람도 있는데, 모두 옳지 않다.

글자 '괄括'은 '묶다, 담다, 싸다'를 뜻한다. 그래서 괄括이 들어간 글자는 모두 이 의미와 관계가 있다. 예를 들면, 개괄概括은 '대충 추려 한데 묶다', 총괄總括은 '여러 가지를 한데 모아서 묶다', 포괄包括은 '있는 대로 온통 휩쓸어 싸다'는 말이다.

호弧는 나무로 만든 활이다. 활처럼 굽은 모양을 말할 때는 호弧를 쓴다. 호선弧線은 활 모양처럼 굽은 선이고, 수학에서는 원을 이루는 둥근 선의 일부를 지칭할 때 호弧라고 한다. 괄호도 결국 활 모양으로 묶는 기호이다.

괴리
乖離

[괴] 어그러지다 · 어기다 [리] 떨어지다 · 어긋나다

○ 괴리라는 한자어는 '괴乖'라는 한자 때문에 여러모로 골탕을 먹인다. 읽을 때도 머뭇거리게 되는 경우가 많다. '승乘'과 비슷한 것도 같고 뭔가 빠진 것 같기도 해서, '승'으로 읽어야 할지 아니면 다른 발음인지, 심지어 '乘'을 쓰려다가 잘못 쓴 것은 아닌지 고민하게 한다. 또한 '괴리'로 제대로 읽었다고 해도 정확한 뜻을 잘 모르는 경우도 많다.

결론부터 말하자면, 괴乖와 승乘은 발음도 의미도 전혀 다른 글자이다. 또한 괴리乖離는 '어긋나다, 어그러져 차이가 생기다, 동떨어지다' 등의 뜻을 가지고 있다.

옛날 모양을 보면, 괴乖는 양의 뿔이 좌우로 갈리어 나는 것과 '나뉘다'의 뜻인 '분分'이 결합한 모양이다. 그래서 '어긋나다, 떨어지다, 어그러지다' 등의 뜻으로 쓰이는 것이다. 비슷한 모양으로 보이지만 승乘은 사람이 나무 위에 올라간 모습이다. 그래서 '올라타다'는 뜻으로 쓰인다.

사실 괴乖는 리離와 거의 비슷한 뜻이다. 어느 두 가지 사이가 전혀 어울리지 않게 동떨어지거나 어긋나 있을 때 괴리乖離라고 한다.

한자어 이야기

교만
驕慢

[교] 교만하다 · 방자하다 [만] 게으르다 · 거만하다 · 모멸하다

○ 교만은 '젠체하고 뽐내며 방자하다'라는 뜻이다. 교驕는 '남을 깔보다, 업신여기다, 스스로 잘난 체하다, 무례하다, 버릇없다' 등 여러 뜻을 가지고 있다.

교만과 같은 뜻의 말로 오만午慢이 있다. 현재 중국에서는 '교만하다, 오만하다'를 뜻하는 말로 교만의 교驕와 오만의 오午를 따서 '교오驕午'라고 한다. 그런데 午의 어원은 오驁에서 나왔다. 즉 옛날에는 午가 아니라 驁를 썼었다.

한자를 자세히 보면 교驕도 오驁도 모두 말馬과 관계가 있는 것 같다. 처음 사용된 용법을 보면 교驕는 '키 6척尺의 말'이고 오驁는 '준마'이다. 둘 다 키도 크고 우람하며 잘 달리는 말을 일컫는 것이다. 옛날에 아무나 말에 타지도 못했고, 지위 및 신분이 높고 재력이 있을수록 좋은 말을 탈 수 있었다. 적토마나 천리마와 관련된 많은 이야기를 보면 얼마나 좋은 말을 중시했는지 알 수 있다.

그러니 옛날에 좋은 말을 타고 다니는 것은 오늘날 최고급 승용차를 타고 다니는 것과 다를 바 없었다. 더 이상 얘기하지 않아도 교驕나 오驁에 왜 '교만하다, 오만하다'의 뜻이 생겼는지 짐작할 수 있을 것이다.

구랍

舊臘

[구] 옛 · 오래다 [랍] 납향 · 섣달

○ 신문 기사에 종종 '구랍 ○일에 무슨 일이 일어났다'는 식으로 '구랍'이란 말이 등장하는 것을 종종 볼 수 있다. 이게 무슨 말인지, 혹시 활자가 잘못 찍힌 건 아닌지 오해하는 독자가 많다고 한다. '구랍'을 한자로 쓰면 '舊臘'이다. '지난해의 섣달' 즉 '작년 12월'을 말한다.

원래 음력 섣달을 납월臘月이라고 했다. 납월臘月이란 별칭이 생긴 이유는 납향臘享이라는 제사를 올리는 달이기 때문이다. 납臘, 납제臘祭, 납평제臘平祭 등으로도 불리웠던 이 제사는 옛날 섣달의 중요한 행사였다. 한 해를 마치며 수확한 각종 곡식을 모아 놓고 풍성한 수확을 올리도록 도와준 신에게 올리는 감사의 제사였다.

이 제사를 올리는 날을 납일臘日 또는 납평臘平이라고 하는데, 중국에서는 동지가 지난 후 세 번째 술일戌日, 조선에서는 동지가 지난 후 세 번째 미일未日에 거행했다.

구랍은 또 객랍客臘이라고도 했다. '손님처럼 잠깐 머물렀다 가버린 지난해 섣달'이라는 뜻에서이다. 마찬가지로 작년을 객년客年이라고도 했다.

음력을 사용하던 풍습에서 생긴 말이므로 음력 섣달만 구랍이라고 해야 옳겠지만, 지금은 그저 지난해 섣달이란 뜻에서 양음력 모두에 통용되고 있다.

한자의 이야기

궤변
詭辯

[궤] 속이다 · 괴이하다 · 어그러지다 [변] 말을 잘하다 · 논쟁하다

○ 궤변이란 '논리적으로 옳은 듯 하지만 본질이나 도리에 맞지 않는 말' 또는 '상대방을 속이려고 이치에 맞지 않는 것을 이치에 맞는 것처럼 억지로 공교롭게 꾸며대는 말'이다.

되지도 않는 말을 그럴싸하게 할 경우 '궤변을 늘어놓는다'고 한다. 옛날 중국 도적의 대명사 도척盜跖의 일당이 도척에게 다음과 같이 물었다. "세상 사람들은 '성스러움, 용기, 의리, 지혜, 어짊', 이 다섯을 사람이면 누구나 갖추어야 할 도의라고 합니다. 강도에게도 도의가 있습니까?"

이에 대한 도척의 궤변이 유명하다. "어찌 도의가 있다 뿐이겠느냐? 남의 집에 감추어진 물건을 추측하여 알아맞추는 것이 성스러움이요, 훔치러 들어갈 때 가장 먼저 들어가는 것이 용기요, 나올 때 가장 나중에 나오는 것이 의리요, 훔치는 시기를 아는 것이 지혜요, 훔친 것을 똑같이 나누어 가지는 것이 어짊이다. 이 다섯 가지에 통달하지 않고 훌륭한 도적이 될 수 있는 사람은 천하에 아무도 없다."

귀거래사
歸去來辭

[귀] 돌아가다 [거] 가다 [래] 오다 · 조사 [사] 말 · 알리다 · 사양하다

○ 흔히 고향 떠나 갖은 고행을 다 하며 직장 생활을 하다 보면, 또는 어둡고 혼탁한 사회상에 실망하고 염증을 느끼면 '귀거래사를 떠올린다'고 말한다. 귀거래사는 혼탁한 세상을 벗어나 전원에서 살고 싶은 사람의 바람을 상징하는 대명사로 쓰인다.

중국 위진魏晉 시대의 동진東晉 때, '도연명陶淵明'이란 시인이 있었다. 그는 인간 세상을 벗어난 이상향을 무릉도원武陵桃源으로 표현한 것으로도 유명하다.

도연명은 관직 생활을 하던 중 관가의 부패에 염증을 느끼고 '쌀 다섯 말 받기 위해 굽신거리는 생활을 더 이상 하지 않겠다'며 고향으로 돌아가면서 유명한 귀거래사를 읊었다. 귀거래사는 "돌아가리, 돌아가리, 저 전원 들판이 황폐해지려 하나니, 어찌 돌아가지 않으리오!"로 시작된다.

귀歸는 '돌아가다, 돌아오다'의 뜻이다. '돌아가다'의 뜻을 확실히 하려면 '귀거歸去'라고 하고, '돌아오다'의 뜻을 확실히 하려면 '귀래歸來'라고 한다. 그러면 '귀거래歸去來'는 무엇인가? 귀거래歸去來에서의 래來는 특별한 의미가 없이 주로 감탄형 어감을 만들어 주는 조사이다. 사辭는 'ㅇㅇ시詩', '△△문文'처럼 문체를 일컫는 말이다.

금일봉
金一封

[금] 쇠·돈·금·귀하다 [일] 하나 [봉] 봉하다·봉투·편지

○ 금액을 밝히지 않고 봉투에 넣거나 종이에 싼 채로 주는 돈을 금일봉이라고 한다. 공연히 생색내는 것 같아 멋쩍거나 굳이 얼마를 준다고 밝히기 싫을 때, 그저 조그만 성의의 표시라는 의미에서 금일봉 관습이 나왔다.

뉴스에서 어느 유명 인사가 기부 모임에 참석해서 금일봉을 전달했다거나 국위를 선양한 운동 선수가 협회로부터 금일봉을 받았다고 하면, 액수가 도대체 얼마인지 궁금해했던 경험이 있을 것이다.

수재나 화재 및 기타 이유로 많은 사람들이 어려운 일을 당하면 언론 기관이 나서서 그들을 돕자는 운동을 벌이곤 한다. 그래서 라디오나 TV 뉴스 중간에 또는 신문의 한쪽에 '○○○가 □원, △△△가 □원, ×××가 □원…' 하는 식으로 소개를 한다. 그런데 유독 정치인들의 의연금은 예외없이 금일봉이다. 그것도 복구에 눈코 뜰 새 없는 현장에 직접 행차해서 영접(?)을 받으며 금일봉을 전달한다. 그런 금일봉은 성의의 표시가 아니라 단지 얼굴 알리기가 아니냐는 눈총이 따갑다.

기린아
麒麟兒

[기] 기린 [린] 기린 [아] 아이

○ '재주와 지혜가 남달리 뛰어나 장래가 촉망되는 젊은이'를 기린 아라고 한다. '기린麒麟의 새끼'라는 뜻이다.

요즘 기린이라고 하면 흔히 동물원이나 TV에서 가끔 볼 수 있는 목이 길고 키가 큰 아프리카 동물을 연상하기 마련이다. 그런데 예로 부터 중국을 비롯한 동양에서 말하던 기린은 아프리카 동물이 아니라, 용龍이나 봉황鳳凰과 같은 상상 속 동물이었다. 앞으로 성인聖人이 세상에 나올 것을 알리는 징조로 나타난다고 믿었던 상서로운 동물이었다.

기록에 따르면 기린은 사슴을 닮았는데 크고, 소의 꼬리에, 말의 발굽에, 뿔이 하나 자라고, 등의 털은 오색 빛깔이고, 배의 털은 황색이고, 살아 있는 풀은 밟지도 먹지도 않는다고 했다. 그래서 기린은 '어진 짐승'이란 뜻의 인수仁獸라는 별명이 있었고, 성인 혹은 영재 등을 비유하는 말로 쓰였다.

숫컷을 기麒라고 하고 암컷을 린麟이라고 한다는 설과, 뿔이 없는 것을 기麒라고 하고 뿔이 있는 것을 린麟이라고 한다는 설이 있다.

기왕불구
旣往不咎

[기] 이미 [왕] 가다 [불] ~하지 않다 [구] 허물 · 탓하다 · 책하다

○ 기왕불구란 '이미 지나간 일은 탓하지 않는다'는 뜻이다. '(설령 조금 미진한 구석이 있어도) 한 번 매듭지은 일에 대해서 자꾸 거론하지 않다'라는 말이다. 설핏 보면 과거의 잘못을 눈감아 주어야 한다는 말로 들리기 쉬운데, 그런 뜻은 아니다. 잘못된 점에 대해 평가와 비판도 받고 응분의 처리도 끝났는데, 치사하게 기회가 있을 때마다 자꾸 들추어내 상대방을 공격하는 수단으로 삼아서는 안 된다는 말이다. 원래《논어論語》에 나오는 공자의 말이다.

옛날 사람들은 신神을 직접 볼 수 없고 어디에 있는지 몰랐기 때문에, 신을 상징하는 위패 즉 신주神主를 만들었다. 춘추시대 노魯나라의 애공哀公이 공자의 제자 재아宰我에게 신주에 대해서 묻자 재아가 대답했다. "하夏나라 때는 소나무로 만들었고, 은殷나라 때는 측백나무로 만들었고, 주周나라 때는 밤나무로 만들었습니다. 밤나무의 한자 '률栗'은 떤다는 뜻이니, 백성들이 두려워 떨게 하려는 뜻이 담겨 있었지요." 재아의 말에는 주나라 때 신주에 밤나무를 사용한 것을 은근히 비난하는 뜻이 담겨 있었다. 이에 대해 공자는 지나간 옛날 일은 기왕불구하는 것이라며 재아를 힐난했다.

기체후

氣體候

[기] 기운 · 공기 · 숨 [체] 몸 · 신체 · 모양 [후] 철 · 살피다 · 상태

○ 기체후는 '기력氣力과 체후體候'를 일컫는 말로, 어른에게 올리는 편지에서 문안할 때에 쓰는 높임말이다. 오랜만에 만난 친구끼리 인사할 때 농담 삼아 '기체후일향만강氣體候一向萬康'이라는 말을 쓰곤 한다. 그외 음식점이나 영업장 등의 개업 인사장 또는 각종 잔치 초대장의 첫머리에서 쓰이기도 한다. 그런데 상투적으로 농담 삼아 사용하거나 한글로만 쓸 뿐 무슨 뜻인지 제대로 알고 있는 경우는 드물다. 더구나 이 말은 원래 아주 높임말으로, 어른에게 올리는 편지 첫머리의 문안 인사로 쓰였다.

기체후일향만강을 끊어서 보면, '기체후', '일향一向', '만강萬康'이다. 일향은 '줄곧, 내내' 등의 뜻이고, 만강은 '아주 편안하다'는 뜻이다.

그러니까 기체후일향만강을 쉽게 풀어 보면 '기력과 건강은 내내 좋으시겠지요'로, '그동안 안녕하셨습니까'이다.

한자어 이야기

기치
旗幟

o 기치는 모든 기旗를 통칭하는 말이다. 지금은 '어떤 목적을 위하여 표명하는 태도나 주장'을 뜻하는 말로 많이 쓰인다. 이를테면 '○○의 기치를 내걸다'라고 하면 '○○를 확실히 표명하다, 또는 ○○를 강력히 주장하다'라는 뜻이다. 집회나 시위가 있을 때면 어김없이 등장하는 것이 자신들의 주장이나 요구 사항 단체 이름 등을 적은 기치이다.

기旗가 원래 기를 통칭하는 말은 아니었다. 기의 역사는 사람이 무리를 이루어 살면서부터 시작되었다고 할 수 있는데, 용도·신분 등에 따라 갖가지 기가 있었다. 그중 기旗는 곰과 범의 모양을 그린 것으로, 그 나라의 백성들이 모여 사는 도성都城을 지키는 군대를 표시한 것이었다. 곰이나 범처럼 사나우니 감히 접근할 엄두를 내지 말라는 뜻이었다. 아무래도 군대에서 온갖 기를 많이 사용하다 보니 나중에는 기旗가 모든 기를 통칭하는 말이 되었다.

치幟야말로 기를 통칭하는 말이었다. 옛날에는 '志', '識('식'이 아니라 '지'라고 읽어야 함)'라고도 썼는데, 구분을 하기 위해 기 모양으로 만든 모든 형태의 표시를 일컫게 되었다.

끽연

喫煙

[끽] 먹다 · 마시다 [연] 연기 · 담배 · 그을음

○ 끽喫은 '끽'으로 발음되는 유일한 한자이다. '먹다, 마시다' 등의 뜻으로 쓰인다. '끽반喫飯'은 '밥을 먹다'이고, '끽다喫茶'는 '차를 마시다'이다. 다방을 끽다점喫茶店이라고 하던 시절도 있었다.

담배를 피운다는 한자어로 지금은 흡연吸煙이라는 말을 주로 사용하지만 예전에는 끽연을 많이 사용했다. 담배가 처음 들어왔던 시절에는 아무나 피울 수 있는 것이 아니었다. 그래서 그 당시 끽연은 지위와 신분의 상징이었다.

그리고 끽연이 젊음과 낭만과 야성의 상징이던 때도 있었다. 젊은이들은 멋있게 보이기 위해 온갖 모양을 잡으며 끽연을 즐겼다. TV나 영화를 보면 주인공의 고독감과 야성미를 돋보이게 하고 싶은 장면에서 끽연하는 모습이 등장한다. 요즘에는 끽연이 본인과 타인의 건강을 해치는 행위라고 하여 푸대접을 받고 있다.

낙천
樂天

○ 세상과 인생을 대하는 태도를 크게 낙천樂天과 염세厭世로 구분한다. 낙천을 한자 그대로 풀면 '천명을 즐기다, 자기의 처지를 편안히 여기다' 또는 '즐겁게 천명에 순응하다'가 될 수 있다. 세상과 인생을 괴롭게 여기지 않고 즐겁게 살아가는 태도를 말한다. 그 반대가 염세이다. 그래서 인생을 즐겁게 생각하는 사람, 즉 자기의 환경을 달갑게 여겨 악착스럽지 않은 사람을 낙천가樂天家라고 한다.

붓글씨에서 애용되는 문구로 '낙천지명樂天知命'이란 말이 있다. 원래《주역周易 · 계사繫辭》에 나오는 말로, '하늘이 정해준 본분을 즐겁게 따르고, 명운의 한계를 알아서 편안히 지킨다'는 뜻이다. 인간의 능력과 지혜로 어찌 할 수 없는 것이 있게 마련인데, 그것 때문에 근심하거나 좌절하지 않는 것이 진정한 인간의 자세라는 말이다. 예로부터 군자나 대인이 추구하는 이상적인 생활 철학의 하나였다.

난삽
難澁

[난] 어렵다 · 난리 · 나무라다 　 [삽] 껄끄럽다 · 막히다 · 어렵다 · 떫다

○ 난삽은 '어렵고 빡빡하다, 어렵고 껄끄럽다'라는 뜻으로, 주로 말이나 글이 어렵고 부드럽지 못한 것을 의미한다. 발음에 주의해야 한다. '삽澁'은 '껄끄럽다, 떫다, 빡빡하다'는 뜻이다. 흔히 말 잘하는 사람에게 '입에 기름칠이라도 했는지, 술술 말이 잘도 나온다'고 하는데, 이와 전혀 반대의 경우가 삽澁이다. 글을 읽다 뜻을 모르거나 어려운 단어가 나오면 마치 목에 무엇이 걸린 듯 우물거리고 주춤거리는 것을 떠올리면 된다.

난삽과 발음이 비슷해서 잘못 쓰이기 쉬운 말이 난잡亂雜이다. 그렇지만 두 단어는 한자도 다르고 쓰이는 경우도 다르다. '난삽'은 말이나 글이 어렵고 껄끄러운 것을 표현할 때 쓰고, '난잡'은 '뒤섞이어 질서가 없다, 어수선하여 혼잡하다, 문란하고 복잡하다, 막되고 너저분하다' 등의 뜻으로, 사물·사건이나 사람의 행실을 표현할 때 쓴다.

남발

濫發

[남] 넘치다 · 띄우다 · 함부로 [발] 발행하다

○ 남발은 법령, 지폐, 증서 따위를 '함부로 발행하다'라는 뜻이다. 국민을 위한다면서 실제로 필요하지도 않은 법령을 마구 만들어 오히려 불편하게 하는 것을 '법령을 남발한다'고 하고, 지키지도 못할 약속을 여기저기 함부로 하고 다니는 것을 '공수표를 남발한다'고 말한다.

한자 '람濫'은 원래 '물이 넘치다' 또는 '물에 띄우다'의 뜻이다. 강물이 흘러 넘치는 것을 '범람氾濫, 汎濫'이라고 한다. 또 처음이나 시작, 기원을 뜻하는 말로 '남상濫觴'이라는 말이 있다. 거대한 강물도 처음에는 그저 술잔을 띄울 정도의 작은 물에서 시작되었다는 뜻에서 나왔다.

이로부터 람濫은 '분수에 넘치다' 또는 '정도에 넘치다'의 뜻으로 쓰이게 되었다. 남용濫用은 '함부로 쓰다'이고, 남획濫獲은 '짐승이나 물고기를 함부로 잡다'이고, 남벌濫伐은 '나무를 함부로 베다'이다.

남부여대
男負女戴

[남] 남자 [부] 지다 [녀] 여자 [대] 이다

○ 남부여대를 글자 그대로 풀면 '남자는 지고, 여자는 이고 가다'이다. '빈민이나 난민들이 초라한 세간을 가지고 이곳저곳 떠돌아다니며 살다'라는 뜻으로 쓰인다. 남부여대는 흉년이 들거나 전쟁 등으로 온가족이 집을 떠나야 할 처지에 놓였을 때 영락없이 등장하는 모습이다. 집을 떠나 살려니 필요한 것도 많고 가져갈 것도 많아서, 추리고 추려서 저마다 짐을 등에 지고 머리에 이고 가야 하는 것이다. 전쟁을 겪었던 세대의 어르신들은 남부여대란 말만 들어도 그 시절 참상이 어른거린다고 한다.

부負는 짐을 등에 '지다', 대戴는 짐을 머리에 '이다'를 뜻한다. 짐을 옮기는 방법도 여러 가지여서, 이에 따라 다른 한자를 썼다. 이외에 하荷, 담擔, 임任 또한 많이 쓰는 한자이다. 하荷와 담擔은 짐을 어깨에 '메다'이고, 임任은 짐을 가슴 위에 올려놓고 두 팔로 껴안듯 떠받치는 것을 말한다. 이 글자들은 '짐(을 지다), 책임(지다), 부담(을 느끼다)' 등을 뜻하는 단어에 자주 쓰인다. 책임責任, 부담負擔, 부하負荷, 담임擔任 등이 그 예이다.

납량
納涼

~~~~~~~~~~~~~~~~~~~~~~~~~~~~~~

[납] 바치다 · 들이다 **[량]** 서늘하다

○ 너무 더워 일할 맛이 안 나는 건 물론이고, 밤에 잠도 제대로 자지 못하는 여름, 잠시나마 오싹하고 서늘한 기분을 느끼며 더위를 잊을 기회가 종종 있다. '납량특집' TV 프로그램을 보는 것이다.

그런데 '납량'을 주로 한글로만 접하다 보니, 이게 무슨 뜻인지 모르고 그저 귀신 나오는 영화나 드라마라고 생각하는 사람이 의외로 많다. 심지어 어떤 경우에는 '남양 특집'이라고 잘못 표기하여, 남쪽 바다에서 가져온 시원한 이야기로 오해하게 만들기도 한다.

납량을 한자 그대로 풀면 '서늘한 바람을 받아들이다'이다. '더위를 피해서 서늘한 바람을 쐬다'의 한자식 표현이다. 그러니까 납량 특집 프로그램은 더위를 잊게 해주는 프로그램인 셈이다.

주로 귀신이나 유령의 등장으로 오싹한 기분을 느끼게 하는 공포 영화라든가, 복잡하게 뒤얽힌 미궁 사건을 해결해 나가는 과정을 보면서 긴장과 공포를 느끼게 하는 추리 영화가 납량 특집의 단골로 등장한다.

노당익장
老當益壯

[로] 늙다 **[당]** 마땅히 ~해야 한다 **[익]** 더욱 **[장]** 씩씩하다 · 장하다 · 성하다

○ 연로한 사람이 나이답지 않게 씩씩하고 건장한 모습을 보일 때 '노익장老益壯을 과시한다'고 말한다. 흔히 이익이란 뜻으로만 알고 있는 한자 '익益'이 'A 익益 B'의 형태로 쓰이면 'A 할수록 더욱 B 해지다'로 풀이할 수 있다. 그러니까 노익장은 '늙을수록 더욱 씩씩하다'란 뜻이다. 노익장은 노당익장老當益壯이란 말에서 나왔다. 당當은 '마땅히 ○○해야 한다'는 뜻으로, 노당익장 하면 장부가 뜻을 이루기 위해서는 '마땅히 나이가 들수록 더욱 씩씩하고 굳건해야 한다'는 말이다. 원래 중국 후한後漢 때의 명장 마원馬援의 이야기에서 나왔다.

마원은 어려서부터 의지와 기개가 남달랐다. '대장부가 뜻을 이루려면 어려울수록 굳건해야 하고 나이들수록 씩씩해야 한다'는 말을 좌우명으로 삼고, 전쟁터에서 많은 공을 세웠다. 그의 나이 62세 때, 나라에 반란이 일어났다. 여러 장수가 나섰지만 진압에 실패하여, 마원은 자기가 갈 것을 청했다. 그 나이에 어림없다는 황제의 만류를 뿌리치고, 갑옷을 걸치고 말에 뛰어올라 노익장을 보여주고 결국 반란을 진압했다고 한다.

녹용

鹿茸

[록] 사슴 **[용]** 무성하다 · 솜털 · 풀이 돋는 모양

○ 흔히 녹용을 '사슴의 뿔'로 알고 있는데, 왜 녹각鹿角이라고 쓰지 않을까? 녹용과 녹각은 어떻게 다를까?

정확하게 말하자면 '막 돋아나기 시작하는 사슴의 뿔'을 녹용이라고 하고, 완전히 자란 사슴의 뿔을 녹각이라고 한다. 한자 '용茸'은 풀이 처음 돋아나는 모양을 본뜬 글자이다. 그외 '무성하다, 솜털' 등의 뜻도 있다.

사슴의 뿔은 처음 자라기 시작할 때 식물의 싹처럼 생겼는데, 껍질이 덮여 있고 표면에 종기 같은 것이 있어서 버섯의 갓이 아직 열리지 않은 듯한 모양을 하고 있다. 이것을 녹용이라고 한다.

녹용이 자라서 녹각이 되는데, 나뭇가지처럼 해마다 하나씩 가지 치며 자라기 때문에 녹각의 가지 숫자로 사슴의 나이를 알 수 있다고 한다. 나무를 사슴의 뿔 모양으로 세워 외부로부터의 침입을 막는 울타리를 녹각이라고도 한다.

농성
籠城

[롱] 대그릇 · 농 · 새장 · 싸다 [성] 성 · 성읍 · 도시

○ 학생 시위나 노사 분규 등 단체 행동이 있을 때 거의 빠짐없이 등
장하는 것 중의 하나가 농성이다. 농성이란 '어떤 목적을 달성하기
위하여 일정한 구역을 둘러싸고 굳게 지키며 떠나지 않다'는 뜻으
로 쓰인다.

'롱籠'이라는 한자는 대나무로 만든 그릇, 그중에서도 새장을 뜻한
다. 이로부터 새장 안에 새를 가두듯이 '둘러싸다, 에워싸다'는 뜻이
나왔다. 농락籠絡이라는 말은 새장 안에 가두어 묶어 놓듯 '남을 자
기 수중에 넣고 마음대로 조종하다'라는 뜻이다.

농성의 원래 뜻은 '성을 둘러싸다'이다. 또는 '성이 적군에게 포위되
다'이다. 그밖에 '농성 작전'이라고 하여, 성문을 열고 나가 싸우지
않고 문을 굳게 닫고 지키는 군사 작전을 뜻하기도 했다. 주로 지형
적으로는 유리한데 전력이 약한 편이 많이 쓰는 전법이다.

사람들이 모여 구호를 외치며 거리를 행진하는 것을 보고 농성이라
고 말하는 경우가 많은데, 이는 틀린 표현이다. 농성은 한 곳에 붙박
여서 버티는 것이기 때문이다.

눌변
訥辯

[눌] 말 더듬다 [변] 말 잘하다 · 다투다

○ 눌변은 '말을 더듬다' 또는 '더듬거리는 말솜씨'라는 뜻이다. 조리 있게 말을 잘 하지 못하는 경우에 쓰인다. "그 사람, 글은 청산유수인데 말은 눌변이야."라고 하면 글은 막힘없이 잘 쓰면서 말은 의외로 서툰 것을 뜻한다.

원래 '눌訥'과 '변辯'은 모두 말과 관계있는 글자인데, 서로 반대된다. 눌訥은 말을 더듬거리는 것을 뜻하고, 변辯은 말이 술술 나오는 것을 뜻하기 때문이다. 원래 말을 잘 하지만 말수가 적은 경우에도 눌변이라고 하기도 한다.

'말 한 마디로 천 냥 빚을 갚는다'거나 '말만 잘 하면 절간에서 새우젓 얻어 먹는다'는 속담이 있듯이, 말이란 잘 해서 나쁠 것이 없겠지만 말 한 번 잘못 해서 화를 겪는 경우도 많다. 그래서 예로부터 사람의 품성을 가르칠 때 말을 잘하는 것보다는 차라리 눌변이 낫다는 것을 강조하기도 했다.

'군자는 반드시 이치에 부합된 연후에 말을 하고, 무사는 반드시 대의에 부합된 연후에 말을 한다'는 말이 있는데, 구차하게 이런저런 말을 늘어놓지 말고 반드시 필요한 경우에 적절한 말만 해야 한다는 뜻이다.

다소
多少

[다] 많다 [소] 적다

○ 다多는 '많다', 소少는 '적다'이다. 그러면 다多와 소少가 합한 다소란 말은 어떤 뜻일까? 흔히 쓰는 일례로 '다소 늦은 감이 있다', '다소나마 도움이 될 수 있으면 좋겠다'란 말에서 다소는 어떤 뜻으로 쓰였을까?

다소의 원래 뜻은 글자 그대로 '많고 적음'이다. 어떤 것의 양이니 정도가 많고 적음을 말할 때 쓴다. 그런데 우리말의 사용 관습상 다소는 '약간, 어느 정도' 등 그다지 많지 않은 양이나 정도의 어감으로 많이 쓰인다. 다多의 뜻은 퇴색되고 소少의 뜻만 살아 있다. 상반되는 두 단어를 사용하되 그중의 하나에 실제 뜻이 있는 경우이다.

조만부晩이란 말도 마찬가지이다. '머지않아, 얼마 안 있으면' 등의 뜻으로 쓰여서, 앞의 '이르다, 빠르다'는 뜻의 '조早'에 실제 의미가 담긴 경우이다.

당랑

螳螂

[당] 사마귀 [랑] 사마귀

○ 사마귀를 한자로 당랑螳螂이라고 한다. 우리말로는 버마재비라고도 한다. 무협 영화나 소설에 관심이 있는 사람은 당랑 권법이 떠오를지도 모르겠다. 사마귀가 먹이를 잡을 때의 날래고 정확한 동작을 응용하여 개발한 것이 당랑 권법이다. 사실 사마귀가 먹이를 노리거나 적을 만났을 때 앞발을 치켜들고 노려보는 모습은 무시무시하고 소름끼치기도 한다.

그런데 고사성어에서는 당랑이 앞뒤 잴 줄 모르는 무모하고 어리석은 것의 대명사로 등장한다. 당랑거철螳螂拒轍이란 말이 있다. '사마귀가 수레를 가로막아 싸우려 한다'는 뜻으로, 자기의 능력을 모르고 하지도 못할 일에 무모하게 덤비는 것을 말한다.

당랑규선螳螂窺蟬이란 말도 있다. '사마귀가 매미를 노리고 있다'는 뜻으로, 사마귀가 매미를 잡는 데 정신이 팔려 정작 뒤에서 까치가 자기를 노리고 있는 것을 모른다는 말이다.

사마귀의 앞발을 당비螳臂라고 하는데, 생김새가 도끼 같아서 도끼를 뜻하는 '부斧'를 써서 당부螳斧라고도 한다. 그래서 당랑거철을 당비거철螳臂拒轍 또는 당부거철螳斧拒轍이라고도 한다.

당의
糖衣

[당] 엿 · 사탕 **[의]** 옷 · 입다

○ 약의 포장이나 광고에서 '당의정糖衣錠'이라는 말을 종종 볼 수 있다. 당의정이란 '당의糖衣를 입힌 정제錠劑'로, 여기서 정제란 알약을 말한다. 그러면 당의란 무엇일까? '환약이나 정제 등을 먹기 좋게 하기 위해 겉에 바르는 달콤한 물질'을 말한다. 즉 '사탕옷'이다. 결국 당의정은 먹기 좋게 겉에 달콤한 사탕을 옷처럼 입힌 정제나 환약을 일컫는다.

몸에 좋은 약이 입에 쓰다지만, 아무래도 쓴 약을 먹기 좋아하는 사람은 없을 것이다. 더구나 아이들은 쓴 맛 때문에 막무가내로 약을 먹지 않으려고 해서 부모의 애를 태운다. 지금은 사라진 광경이지만, 어린 시절 학교나 가정에서 꼭 먹어야 했던 기생충 약을 먹지 않으려고 결사적으로 도망 다닌 추억을 가진 어른들이 많을 것이다. 그 쓴 맛 때문이었다.

그래서 고안된 방법이 약에 당의를 입히는 것이었다. 이제 쓴 약에는 대부분 당의를 입히기 때문에 아이들이 약 먹기를 너무 좋아해서 문제라고 한다. 그래서 당의는 누구를 달래거나 유혹하는 달콤한 사탕발림을 뜻하는 말로도 쓰인다.

대증
對症

[대] 대답하다 · 대하다 · 짝 [증] 증세

○ 대증이란 '병의 증세에 대응하다'라는 뜻이다. 병이 나면 여러 증세가 따르게 마련이다. 대증이란 각각의 증세에 따라 적절하게 대응하여 치료한다는 뜻이 담겨 있다. 병의 증세에 따라서 약을 쓰는 것을 대증투제對症投劑라고 한다.

'증症'은 병의 증세를 일컫는 한자이다. 증상症狀, 증세症勢, 증후症候 모두 같은 말이다. 원래 '證'이란 글자를 썼었는데, 특히 병의 증세를 일컫는 글자로 '症'이 쓰이게 되었다.

대증적對症的이라는 수식어도 일상에서 많이 쓰인다. 교통이나 경제 정책을 표현할 때 자주 쓰는 표현인데, 갖가지 원인으로 복잡하게 얽혀서 나타나는 문제들을 근본적으로 해결하지 못하고 우선 급한 것부터 처리하고 해결하는 태도를 말한다.

도도
滔滔

[도] 물이 넘치다 · 넓다 · 크다 · 가득 차다 · 업신여기다

○ 대개 한자가 두 글자씩 겹쳐 쓰이거나 뒤에 '연然'이 붙은 형태로 쓰이면 그 글자의 뜻과 관련된 의태어나 의성어로 보면 된다.

예를 들면 '양양洋洋'은 바다처럼 끝없이 넓은 모양을 형용한 말이다. '구구區區'는 조그맣게 나누어진 여러 구역처럼 작고 보잘 것 없는 것을 의미한다. '처연凄然'은 어딘지 모르게 쓸쓸하고 구슬픈 모양을 가리키는 말이다.

'물이 넘치다'를 뜻하는 도滔를 겹쳐 써서 도도滔滔라고 하면, 물이 크고도 세차게 흐르는 모양을 형용한 말이 된다. 큰 비가 와서 강물이 넘쳐 모든 것을 휩쓸며 거세게 흘러가는 모습을 연상하면 된다. 이로부터 도도는 광대廣大한 모양, 거세게 밀려오는 모양, 세차게 지나가는 모양, 거침없이 말을 잘 하는 모양 등을 형용하는 말로 쓰이게 되었다.

도리불언
桃李不言

[도] 복숭아(나무) [리] 오얏나무 [불] ～하지 않다 [언] 말하다

○ 도리불언을 풀면 '복숭아나무나 오얏나무는 말을 하지 않는다'이다. 원래 도리불언 다음에 하자성혜下自成蹊란 말이 이어져 한 짝을 이룬다. '복숭아나무나 오얏나무는 말을 하지 않아도 아름다운 꽃이 피거나 열매가 열리면 많은 사람들이 찾아와, 그 밑에 저절로 길이 생길 정도이다'라는 뜻의 옛날 속담에서 온 말이다. '실력 있는 사람에게는 따르는 사람이 저절로 많은 법이므로, 굳이 이런저런 말로 자기를 내세우려고 애쓰지 않는다'라는 뜻으로 쓰인다.

중국 한漢나라 때 이광李廣이란 명장이 있었다. 용맹하기 짝이 없어 일생 동안 70여 차례 흉노匈奴와의 싸움에서 패한 적이 없었기 때문에, '비장군飛將軍, 날아다니는 장군'이라는 별명까지 얻었다. 그는 원래 말재주가 없어서 말을 아꼈기 때문에, 조정 간신들의 오해와 미움을 많이 샀다. 최후의 싸움에 패하여 자살한 것도 간신들의 중상모략으로 지원병을 얻지 못했기 때문이었다. 그의 죽음으로 온 국민이 충격 속에 비탄에 잠겼다. 평소 아무 말이 없었는데 그를 지지하는 사람이 이렇게 많은 것을 보고, 당시 역사 기록에서 인용한 속담이 바로 이 '도리불언 하자성혜'였다.

도산
倒産

[도] 넘어지다 · 넘어뜨리다 · 거꾸로 되다 [산] 낳다 · 생산하다 · 출생 · 산물

○ 도산에는 두 가지 뜻이 있다. 첫째, 어느 집이나 회사의 '재산이 쓰러지다' 즉 '재산을 탕진해버리다'라는 뜻이다. 파산破産이라는 말과 비슷하다. '경기 불황으로 인한 자금난 때문에 도산하는 중소기업이 자꾸 늘어난다'와 같이 쓰인다. 둘째는 한의학 용어로, 아이를 낳을 때 아이의 발이 먼저 나오는 것을 말한다. 태아가 산모 뱃속에 거꾸로 있을 경우에 도산을 하게 된다. 의학 기술이 발달한 요즘에는 도산할 기미가 있으면 수술로 해결하지만, 옛날에는 도산하는 도중에 산모와 태아가 모두 목숨을 잃는 경우가 많았다.

'도倒'라는 한자는 똑바로 있던 것이 넘어지거나 거꾸로 되는 것을 뜻한다. 예를 들면 매도罵倒라는 말은 '심히 욕하며 꾸짖다'라는 뜻인데, 글자 그대로 풀면 '욕해서 넘어뜨리다'이다. 심하게 욕을 해서 상대방이 충격을 받아 넘어질 지경에 이르게 한다는 것이다. 또한 졸도卒倒는 '갑자기 쓰러지다'이고, 타도打倒는 '때려서 쓰러뜨리다'이다.

도색
桃色

[도] 복숭아 [색] 색

○ '도색 영화', '도색 잡지'라는 말이 매체에 자주 오르내린다. 그런데 '도색'이 무엇인지, 한자라면 어떤 한자를 쓰는지 잘 모르는 사람이 의외로 많다. 바로 '桃色'이다.

도색桃色은 '복숭아 빛깔' 또는 '연분홍빛'을 가리키는 말로, '남녀 사이에 얽힌 색정적인 일'을 가리킨다. 영어에서 색정과 관계된 것을 일컬을 때 '핑크pink ○○'라고 하는 것과 같다.

예로부터 복숭아는 꽃이든 열매든 다양한 상징으로 쓰였다. 꽃은 빛깔로, 열매는 빛깔과 생김새로 남녀의 연정과 관계된 것을 지칭하는 데 많이 이용되었다. 중국 영화를 보면 청춘남녀가 만나 사귀는 장면에서 '도원桃園' 즉 복숭아꽃이 활짝 핀 정원이 배경으로 등장하곤 한다.

도요桃夭라는 말이 있다. '아름답게 활짝 핀 복숭아꽃'을 형용한 말로, 한창 물이 올라 혼기에 다다른 처녀를 일컫는다. 흥분하거나 수줍을 때 볼가에 발그스름한 빛을 띠게 되는데, 이것이 영락없이 복숭아 빛깔과 같기 때문이다.

독과점
獨寡占

[독] 홀로 · 홀몸 [과] 적다 · 나 · 홀어미 [점] 차지하다 · 지키다 · 점치다

○ 경제 관련 소식에서 자주 등장하는 것 중의 하나가 '독과점 품목'이니 '독과점 사업'이니 하는 말이다.

독과점은 독점獨占과 과점寡占을 합해서 쓰는 말이다. 글자를 하나하나 풀어보면 '독獨'은 '혼자', '과寡'는 '소수, 적다', '점占'은 '차지하다'라는 뜻이다.

말 그대로 풀면 독점은 '혼자서 차지하다, 독차지하다'이다. 경제적으로는 '어떤 기업이 다른 경쟁자를 배제하고 판매 시장이나 원료 자원지 등을 지배하여 홀로 이익을 꾀하는 경제 현상'을 말한다. 과점은 '어떤 상품 시장의 대부분을 소수 기업이 독차지하다'라는 뜻이다. 결국 독과점은 상품의 제조나 판매에 따르는 권리와 이익을 혼자서 또는 소수가 차지하는 형태를 말한다.

생활 필수품이 독과점 형태가 되면 심각한 사회 문제가 일어날 수도 있다. 다른 경쟁자가 없는 상황에서 독과점 기업이 마음대로 생산량이나 가격을 조절할 수 있기 때문이다. 그래서 때로는 소금이나 철 등을 정부나 관청이 아예 독점하여 물품을 생산하고 조달하기도 했다.

독직
瀆職

[독] 도랑 · 하수도 · 더럽히다 · 업신여기다 [직] 맡다 · 직분 · 임무 · 관직

○ 간혹 독직 사건이 종종 일어나 세상을 떠들썩하게 한다. 독직은 '직책을 더럽히다'라는 뜻이다. 오직汚職으로도 쓴다. '독瀆'이든 '오汚'이든 비슷하게 '오물, 하수, 더럽다'는 의미를 담고 있다. 그야말로 냄새나고 지저분한 뜻을 가진 한자이다.

특히 공무원이 지위나 직무를 남용하여 비행을 저질렀을 경우, 또는 직무상 잘못한 일로 그 자리를 더럽혔을 경우를 독직이라고 한다. 어떤 자리나 마찬가지이지만, 영리와 이윤을 추구하는 기업과는 달리 국민의 세금으로 운영되는 나라의 살림을 맡는 공무원은 누구보다 공정하고 희생적인 근무 자세를 필요로 한다. 그래서 가끔 들려오는 공무원의 독직 사건은 국민을 때로는 분노하게 때로는 우울하게 만든다.

높은 도덕과 인격을 최고의 가치로 여겼던 시대에는 잘못된 말이나 행실로 인한 독직 사건이 많았는데, '금전'을 최고의 가치로 꼽는 요즘 시대에는 뇌물로 인한 독직 사건이 많아졌다.

동량
棟梁

○ '한 집안이나 국가의 중대한 임무를 맡은 사람 또는 맡을 만한 사람'을 동량이라고 한다. 동량지재棟梁之材라고도 하며, 한자 '梁'을 '樑'으로 쓰기도 하는데, 둘은 같은 글자이다. 이 비유적인 뜻은 대부분 잘 알고 있지만, 동량이 원래 무엇을 뜻했는지 정확히 아는 사람은 드문 것 같다.

동량을 우리말로 풀면 '마룻대와 들보'이다. 목조 건물을 지으려면 우선 사방에 기둥을 세운 다음 그 기둥 위에 가로와 세로로 나무를 얹어 건물의 무게를 떠받치게 한다. 기둥 위에 가로놓인 두 개의 나무를 량梁, 즉 들보라고 한다. 양쪽 들보에서 비스듬히 올라가면서 삼각형의 꼭지점처럼 만나는 부분을 가로지른 나무를 동棟, 즉 마룻대라고 한다.

인체에 비유하자면 동량은 마치 척추와 같다. 건물 전체의 무게를 떠받치는 중요한 역할을 한다. 그래서 국가나 집안의 중대한 임무를 맡은 사람 또는 맡을 사람에 비유되는 것이다.

두주불사

斗酒不辭

[두] 말 [주] 술 [불] 아니다 [사] 사양하다

○ 주량酒量이 많은 사람을 흔히 과장해서 두주불사라고 일컫는다. '말술도 사양하지 않다'라는 뜻이다. 두斗는 한 말, 두 말처럼 용량을 세는 단위, 또는 말을 되는 용기를 말한다. 한 두는 열 되에 해당하는 용량이다.

요즘은 많이 줄어든 것 같지만 자랑삼아 '말술을 마신다'며 자랑하는 사람들이 간혹 있다. 그런데 정말로 한 말의 술을 마시는 사람이 있을지 의문이다.

한 홉合의 열 배가 한 되이고, 한 되의 열 배가 한 말이므로, 두 홉들이 술병으로 따지면 50병, 네 홉들이 술병으로 따지면 25병에 해당한다. 물론 지금의 한 말이 옛날의 한 말과 다르다는 설도 있다. 어쨌든 한 말은 결코 적은 양이 아니다.

우리나라 사람의 체질에 맞춰 연구한 결과(2015년 4월, 대한가정의학과 알코올연구회 발표), 20도짜리 소주를 기준으로 일주일 동안 남성은 2병 이하, 여성과 65세 이상 노인 및 음주 후 얼굴이 붉어지는 사람은 1병 이하가 적당하다는 가이드라인이 나왔다.

등단
登壇

[등] 올라가다 [단] 제단·연단

○ 등단은 원래 '제단祭壇에 올라가다'라는 뜻이었다. 단壇은 평지 위에 흙을 높게 쌓은 곳을 말하는데, 예로부터 중요한 의식을 거행할 때는 높게 단壇을 쌓아 그 위에서 거행했다. 옛날의 중요한 의식이라면 무엇보다도 제사였다. 즉 단壇은 제사를 올리는 제단이었던 셈이다. 그후 장군이나 높은 관직에 임명받는 것을 의미했고, 또 왕이 즉위하는 것을 뜻하기도 했다. 그렇게 임무가 막중한 자리를 이어받게 된 것에 대해 하늘에 감사하고 앞으로 성심껏 일하겠다고 하늘에 맹세하는 자리였기 때문이다.

요즘 등단이라고 하면 주로 무대 위에 올라가는 것을 말한다. 또 연설을 하거나, 공연을 하려면 다른 사람보다 높게 설치된 단壇 위를 올라가야 한다. 그래서 등단하는 사람이 그 행사의 주인공인 셈이다. 여기에서 파생되어, 열심히 글을 써서 상이나 추천을 받아 본격적으로 작가의 길에 들어선 경우처럼, 만인의 관심을 받으면서 어떤 일을 하기 시작했다는 뜻으로도 쓰인다. 다만 등단으로 끝나서는 안 된다. 연기자는 등단해서 어떤 연기를 보여주느냐, 작가는 등단해서 어떤 작품을 쓰느냐에 따라 앞으로도 계속 대중의 사랑을 받을 수 있을지가 결정되기 때문이다.

등본·초본
謄本·抄本

[등] 베끼다 [본] 밑·뿌리·문서 [초] 뜨다·베끼다

○ 주민등록등본이나 초본을 발급받기 위해 동사무소나 구청에 가보지 않은 사람은 없을 것이다. 그런데 등본과 초본은 무엇이 어떻게 다를까?

등본은 '원본대로 베껴 적은 서류'라는 말이고, 초본은 '원본에서 필요한 부분만 베껴 적은 서류'를 가리킨다. 등謄과 초抄는 모두 '베끼다'라는 뜻이다. 구분해서 쓰일 경우, 등謄은 원본의 내용을 그대로 베끼는 것을 말하고, 초抄는 그중 필요한 일부만 베끼는 것이다.

이를테면 주민등록등본은 주민등록 원본에 기록된 세대별 사항을 모두 그대로 베낀 것이고, 주민등록초본은 원본 중에서 신청자가 필요한 부분만 옮겨 적은 것이다.

복사기나 컴퓨터도 없던 옛날에는 등본이나 초본을 발급받는 것도 큰 일이었다. 원본을 가져다 놓고 말 그대로 일일이 베껴 썼기 때문에, 줄을 서서 한참 기다려야 했다.

Chapter 2

한자어 이야기

막상막하
莫上莫下

[막] 없다 [상] 위 [하] 아래

○ 서로 경쟁하는 사람이나 세력 사이에 우열을 따질 수 없는 경우,
즉 어느 쪽이 더 낫고 못한지 판별되지 않을 경우에 '막상막하'라고
한다. 막상막하를 말 그대로 풀자면 '위도 없고 아래도 없다'이다.
선거나 경기에서 막상막하로 진행되는 대결은 그야말로 손에 땀을
쥐게 한다. 비슷한 말로는 누가 형이고 누가 아우인지 분간할 수 없
다는 뜻의 '난형난제難兄難弟' 또는 '백중伯仲' 등이 있다.

막莫은 '없다'라는 뜻으로 쓰인다. 흔히 쓰는 말 중에 막대莫大 또는
막강莫强이 있다. 각각 '더 큰 것이 없다, 즉 가장 크다', '더 강한 것
이 없다, 즉 가장 강하다'라는 뜻으로 쓰인다.

그런데 예전에는 막莫의 뜻이 아주 많았었다. 원래 뜻은 '저물다' 또
는 '저녁'이었다. 저녁 무렵 해가 나무나 풀섶 사이로 지는 모습을
본뜬 글자이다. 나중에는 '저물다, 저녁'의 뜻으로 '모暮'라는 글자
가 쓰였다. '사모하다'는 의미도 있었는데, 이 역시 나중에 '모慕'라
는 글자로 대체되었다. '장막'이라는 뜻도 있었는데, 이후 막幕으로
쓰게 되었다. 결국 막莫의 원래 뜻은 다른 글자들로 분리되었고, 처
음에는 없던 '없다'라는 뜻이 그 자리를 대신 차지한 셈이다.

만신창이
滿身瘡痍

[만] 차다 · 가득하다 [신] 몸 [창] 상처 [이] 흉터 · 상처

○ '만신창이'가 되다, '만신창'이 되다, '망신창이'가 되다, '망신창'이 되다, 이 중에서 무엇이 맞을까? 답은 첫 번째 만신창이滿身瘡痍와 두 번째 만신창滿身瘡이다. 원래 한자성어인데, 발음이 비슷한 여러 말로 잘못 사용되는 경우가 많다.

만신창이란 '몸에 상처와 흉터가 가득하다, 온몸이 상처투성이다'라는 뜻이다. 만신滿身은 '온몸(에 무엇이 가득하다), 전신'의 뜻으로 말할 때 쓰인다. '온몸이 만신창이다'라는 말은 사실 동어반복이다. 만신滿身 자체에 온몸의 뜻이 담겨 있기 때문이다.

창이瘡痍는 한자를 보기만 해도 병이나 상처와 관계있다는 것을 알 수 있다. 칼이나 창 등에 베이고 찔려서 생긴 상처를 창瘡이라고 했고, 상처가 아물어 남은 흔적인 흉터를 이痍라고 했다. 둘 다 상처라는 뜻으로도 쓰인다.

너 나 할 것 없이 현재 우리 경제가 만신창이 상태라고 한다. 그 상처를 치료하는 일에 동참해야겠다.

만연
蔓延

[만] 덩굴 · 퍼지다 · 감기다 [연] 끌다 · 넓어지다 · 퍼지다

○ '사치 풍조 만연', 전염병이 만연하다' 등의 말에서 '만연'은 '덩굴이 널리 뻗어 퍼지다'라는 뜻이다. 그러나 그다지 좋지 않은 것이 퍼질 때 주로 쓰인다. '만蔓'은 덩굴로 자라는 식물을 총칭하는 말이다. 식물이 자라는 곳에 일단 덩굴이 생겨서 자라기 시작하면 주변의 모든 것을 휘감고 뻗어 간다. 어느 정도 자라면 주변의 모든 것을 휘감고 뒤엉켜, 치우기가 보통 힘든 일이 아니다. 그래서 농작물이 자라는 곳에서는 덩굴이 생기면 제일 먼저 뽑아낸다. 농작물을 휘감고 자라서 성장을 방해하고 조금만 그대로 두면 도저히 치우기 힘들기 때문이다. 그래서 그다지 좋지 않은 사회 풍조나 생활 습관 등이 널리 퍼져 좀처럼 개선하기 어려운 지경에 처했을 때 만연이란 말을 흔히 사용한다.

나쁜 점들만 말해서 덩굴이 해로운 것으로 여기기 쉬운데, 꼭 그런 것은 아니다. 덩굴의 강인한 생명력을 이용하여 벽돌이나 시멘트로 된 밋밋하고 차가운 느낌의 벽을 장식하는 데 애용되기도 한다.

만원사례
滿員謝禮

[만] 차다 · 가득하다 · 넉넉하다 [원] 수효 · 인원 [사] 사례하다 [례] 예도 · 예절

○ 음식이 유난히 맛있는 식당이나 한창 인기를 끈다는 영화에 대한 기사를 보면 '만원사례'라는 수식어가 자주 붙는다. 흔하게 보고 듣는 말이지만 의외로 정확히 그 뜻을 답하는 사람은 드물다. 누구는 '사람이 꽉 차서 들어갈 수 없다'는 뜻이라고 하고, 또 어떤 사람은 '사람이 꽉 차서 들어오는 것을 사절한다'는 뜻이라고 히기도 한다. '만원滿員'이 '정한 인원이 다 차다' 또는 '사람이 꽉 차서 그 이상 더 들어갈 수 없다'는 뜻이고, '사례謝禮'는 '언행이나 물품으로 상대에게 고마운 뜻을 나타내다' 또는 '신세를 진 사람에 대한 감사의 예'를 뜻한다.

그러므로 만원사례를 알기 쉽게 풀면 '자리를 꽉 메워 주신 것에 감사드립니다' 또는 '이렇게 많이 찾아주셔서 감사합니다' 정도의 뜻이 된다. 자기 가게가 잘 되는 것을 은근히 선전하면서 한편으로 찾아오는 손님에게 자리가 없다는 것을 정중하게 안내하는 말로 많이 쓰인다.

망형교
忘形交

[망] 잊다 [형] 모양·육체·나타나다 [교] 사귀다·바꾸다

○ 서로의 용모나 지위 따위를 문제삼지 않고 마음으로 사귀는 친밀한 교제를 '망형교'라고 한다. 남자건 여자건 용모가 잘 생긴 사람과 자리를 같이 할 기회가 있으면 농담 반, 진담 반으로 친구를 소개해 달라고 하곤 한다. 대개 사람들은 끼리끼리 어울리게 마련이니, 그 친구도 용모가 괜찮을 것이라고 생각하기 때문이다. 그렇게 소개를 받았다가 실망한 적이 있을 것이다. 용모나 지위를 따져서 친구를 사귀지는 않기 때문이다. 요즘엔 그런 것을 따져서 모임을 만들기도 한다는데, 진지하고 화목하게 그 모임이 지속될지 의문이다.

'망형忘形'이란 '형形을 잊다'는 말이다. '형形'이 무엇을 일컫는가에 따라 망형의 의미도 조금 달라진다. 망형교에서의 망형은 '용모나 지위 등을 잊다'는 뜻이고, 철학적으로는 '물아物我를 초월하여 무위자연無爲自然의 도를 깨닫다' 정도의 뜻이다.

그밖에 마음이 잘 맞아 굳이 말이 필요없이 서로 보고만 있어도 좋을 만큼 친밀한 사귐도 있다. 이를 망언교忘言交라고 한다.

명실상부
名實相符

[명] 이름·명분 [실] 실상·실체 [상] 서로 [부] 부합하다

○ 명실상부는 겉으로 부르는 이름과 속에 있는 실상이 서로 '부합符合'한다는 뜻이다. 부합符合의 뜻을 잘 모르는 사람이 의외로 많다. '부符'는 원래 부신符信 또는 부절符節을 뜻하는 말이었다.

요즘에도 서류나 도장을 위조해서 나쁜 짓에 이용하는 사람들이 있는데, 옛날에도 마찬가지였다. 더구나 옛날에는 머나먼 길을 걸어서, 그래도 형편이 조금 좋으면 말을 타고 다녔던 시절에 계약 사항의 사실 여부를 확인하는 것이 아주 어려웠다. 그래서 대나무나 옥玉 그릇 등에 계약 내용을 적고 서명하여 반으로 자른 다음 한 쪽씩 나누어 가졌다. 이것을 부신符信 또는 부절符節이라고 했다. 따라서 쌍방의 약속을 확인하는 최상의 방법은 바로 부절을 맞추어 보는 것이었다. 임의로 잘라진 반쪽에 딱 맞는 나머지 반쪽은 이 세상에 하나밖에 없을 것이기 때문이었다.

부합이란 이처럼 부절을 맞추어 보니 딱 들어맞는다는 뜻이다. 이로부터 부符에 증거라는 의미도 담게 되었다.

목욕
沐浴

[목] 머리 감다 · [욕] 몸을 씻다 · 미역 감다 · 목욕하다

○ 목욕은 머리를 감고 몸을 씻는 것을 뜻한다. 지금은 굳이 머리 감는 것과 몸을 씻는 것을 구분하지 않고 목욕이라고 하지만, 원래는 머리 감는 것을 '목沐', 몸을 씻는 것을 '욕浴'이라고 했다.

목욕을 하려면 온몸에 물을 뒤집어써야 한다. 누구의 은혜를 입는 것이 마치 목욕할 때 온몸에 물을 뒤집어쓰는 것과 같기 때문에, 목욕이 '은혜를 입다'를 뜻하는 말로도 쓰였다. 이 경우에는 목은沐恩이라고도 했다.

요즘은 목욕이 일상화되었지만, 옛날에는 그렇지 못했다. 지저분한 사람에게 하는 농담으로 일 년 중 생일에 한 번 목욕한다느니, 명절에나 한 번 목욕한다느니 하며 놀렸는데, 옛날로 따지면 결코 과장이 아닌 셈이다. 옛날에는 관리의 휴일을 '목일沐日'이라고 했다. 즉 관리가 집에 가서 목욕하는 날이라는 말이다.

목욕은 몸을 깨끗이 하는 것이지만 몸뿐만 아니라 마음을 깨끗이 하는 것이기도 했다. 그래서 제사를 지내기 전에 몸과 마음을 청결하게 유지하기 위해 반드시 '목욕재계沐浴齋戒'를 했다.

'새로 머리를 감은 사람은 반드시 갓을 털어 쓰고, 새로 몸을 씻은 사람은 반드시 옷을 털어 입는다'는 말이 있다. 혼탁한 세상에 휩쓸리지 않고 살아가는 청렴한 사람의 자세를 말한다.

무산
霧散

[무] 안개 [산] 흩다 · 흩어지다

○ 오랫동안 품어왔던 꿈이나 공들인 일이 허사로 돌아갔을 때 '무산'이라는 표현을 많이 쓴다.

무霧는 '안개', 산散은 '흩어지다'이다. 그래서 무산은 '안개가 개다'는 뜻을 가진다. 그로부터 '(안개가 개듯이) 흔적 없이 흩어지다'의 뜻으로 쓰이게 되었다.

반대의 경우에도 쓰인다. 안개가 갑자기 모이듯 모여드는 것을 무집霧集, 무취霧聚, 무합霧合, 무회霧會라고 한다. 운집雲集이라는 말과 같은 뜻이다.

그밖에 안개는 시적詩的인 표현에서도 많이 등장한다. 사방이 보이지 않는 짙은 안개 속에서 들려오는 뱃고동 소리를 무적霧笛이라고 한다. 말 그대로 풀면 '안개가 부는 피리소리'이다. 마찬가지로 안개 속에서 들려오는 종소리를 무종霧鐘이라고 한다. 역시 말 그대로 풀면 '안개가 치는 종소리'이다.

당나라의 시인 두보杜甫는 나이가 들어 눈앞이 흐려지는 것을 '무중간화霧中看花, 안개 속에서 꽃을 보는 것 같다'고 표현하기도 했다. 이후 무중간화는 노년에 눈앞이 흐려지는 것을 가리키는 숙어로 많이 쓰이게 되었다.

무용지용
無用之用

[무] 없다 [용] 쓰다 [지] ~의

○ 무용지용이란 '아무 쓸모없는 것이 진정 쓸모 있다'는 뜻이다. 보통 사람들의 가치관을 때로는 뒤집어 생각해볼 필요도 있다는 뜻으로 쓰인다.

중국 전국시대 철학자 장자莊子의 말에서 나왔다. 장자는 사람들이 애써서 추구하는 것이 어쩌면 가치 없는 것일지도 모르고, 사람들이 아무 쓸모없다고 버리는 것이 진정 가치 있는 것일지도 모른다고 주장했다.

궤변처럼 들리는 이 말을 장자는 나무의 비유를 들어 설명했다. 여기저기 자라고 있는 나무 중에서 어떤 것은 타고난 자기의 수명이 다하도록 살고, 어떤 것은 수명을 다하지 못하고 사람들에 의해 베어진다. 사람의 입장에서 보면 베어진 나무는 웅장하고 아름다운 집이 되는 등 여러모로 쓰인다. 그런데 나무의 입장에서 보면 타고난 자기의 수명을 다하지 못하는 불행한 일이라는 것이다. 그래서 곧고 크게 잘 자란 나무는 나무의 입장에서는 아무 쓸모없고, 비뚤비뚤 자라서 사람들이 거들떠 보지도 않는 나무가 진정 쓸모 있다는 것이다.

무진장
無盡藏

○ '먹을 것이 무진장 많다', '무진장한 지하 자원' 등의 예와 같이 지금은 부사나 형용사로 많이 쓰이는 무진장이라는 말은 원래 그 자체가 하나의 문장이었다. '한이 없이 저장되어 있다, 끝없이 많이 있어 아무리 써도 다함이 없다' 정도의 뜻이다. 또는 명사적 의미로도 쓰인다. '아무리 써도 다함이 없는 저장'이다.

무진장은 원래 불교 용어이다. 참된 불법의 법성法性은 삼라만상을 모두 껴안고 있어 마치 바다가 모든 것을 받아들이고 있는 것과 같다는 뜻에서, 닦고 또 닦아도 다함이 없는 광대廣大한 불법의 세계를 비유하는 말로 쓰였다.

또한 무진장은 자연과 우주를 일컫는 말이기도 하다. 중국 송대宋代의 대문학가 소식蘇軾, 즉 소동파蘇東坡는 '부귀와 공명은 누구나 얻을 수 없지만, 강가를 스치는 맑은 바람, 봉우리 사이의 밝은 달은 누구나 마음대로 찾아 즐기며 저마다 시를 읊고 그림을 그릴 수 있으니, 이것이야말로 자연이 우리에게 선사한 무진장한 선물'이라고 노래했다.

문호
門戶

[문] 문 · 집안 · 가문 [호] 지게 · 지게문 · 외짝문 · 방 · 집

○ 문호란 말이 가장 많이 쓰이는 예는 '문호를 개방開放하다, 문호를 폐쇄閉鎖하다' 등이다.

문호는 '출입문 혹은 출입구'이다. 이에서 비유적으로 '긴요한 곳, 문벌, 집안, 가문, 동료' 등 여러 뜻이 나왔다. '문호를 개방하다'는 '문을 활짝 열어놓다'이고, '문호를 폐쇄하다'는 '문을 굳게 닫아걸다'이다.

그런데 지금은 합해서 문호라고 말하지만, 원래 '문門'과 '호戶'는 달랐다. 둘다 문은 문인데, 두 짝이 달려서 양쪽으로 여닫는 문을 문門이라고 했고, 한 짝이 달려서 한쪽으로 여닫는 문이 호戶이다. 그래서 호戶의 원래 우리말 풀이는 '외짝문'이다. 글자 모양을 보아도 門은 두 짝이고 戶는 한 짝이다.

일반적으로 집에 드나드는 출입문은 크게 양쪽으로 내고, 방에 드나드는 출입문은 작게 한쪽으로 냈기 때문에, 나중에는 대문을 문門으로, 방문을 호戶로 일컬었다. 결국 문門과 호戶가 합하여, 가문이나 학문 영역, 국가의 영토 범위, 일정 자격, 중요한 곳 등을 뜻하게 되었다.

물경
勿驚

[물] 말라·말아라 [경] 놀라다

○ "○○에 큰 화재가 발생해서, 피해액이 물경 수십억원에 달했다."라고 말하는 경우를 볼 수 있는데, 도대체 '물경'이란 무슨 뜻일까? 물勿은 '하지 말라'는 뜻의 부정 명령어이고, 경驚은 '놀라다'이다. 그래서 물경은 '놀라지 말라'는 뜻이 된다. 보통의 예상을 뛰어넘는 엄청난 수나 내용을 말하려고 할 때, 놀라지 밀라고 미리 귀뜸을 해주는 것이다.

물경과 비슷하게 쓰이는 말로, '무려無慮'가 있다. "화재로 인한 사상자가 무려無慮 수천 명에 달했다."가 그 예이다. 모두 흔히 예상되는 수준 이상의 숫자를 말할 때 쓰이지만, 원래의 어감에는 조금 차이가 있다. 무려無慮는 '그만큼은 넉넉하게 되고도 남는다'는 뜻으로 쓰였다.

사회 경제의 규모가 커갈수록 사람들이 어지간한 숫자에는 놀라지도 않는다. 이젠 물경이란 말도 공연히 하는 말이 되었다.

물고
物故

[물] 만물 · 재물 [고] 옛 · 벗 · 까닭 · 죽다 · 일 · 일부러

○ 사극을 보다 보면 죄인을 심문하는 장면에서 "사실대로 말하지 않으면 당장 물고物故를 내리라!" 하는 대사를 자주 듣게 된다. 물고란 무슨 뜻일까? 현대에는 잘 쓰이지 않는 말이라서 모를 수도 있겠지만, 분위기로 보아 무시무시하고 섬뜩한 것임에 틀림이 없다.

한마디로 말해서, 사람이 죽는 것을 물고라고 한다. 그러니까 '당장 물고를 내겠다'는 말은 '당장 죽이겠다'는 위협인 셈이다. 왜 물고가 사람이 죽는 것을 뜻하게 되었을까? 사실 이에 대해서는 몇 가지 설이 있다.

사람이 죽는 것을 직접 입에 담기 껄끄러워 '그 사람이 입고 쓰던 물건物이 옛날 것故이 되었다'는 뜻으로 쓰였다는 설이 있다. 또한 물物은 '물勿' 즉 없다는 뜻의 '무無'라고 보고, '고故'는 일이라는 뜻의 '사事'로 보아, '그 사람이 더 이상 세상에서 할 일이 없게 되다'의 뜻으로 쓰였다는 설도 있다.

우리가 흔히 '물건, 재물' 등의 뜻으로 알고 있는 물物은 원래 상당히 복잡하게 쓰였다. 사람, 동물, 물건 할 것 없이 천지를 가득 채우고 있는 모든 것을 물物이라고 한다. 그래서 사람이 되기 이전의 원래의 물物로 돌아간다는 뜻에서 물고라고 했다는 설도 있다.

물망
物望

[물] 만물 · 무리 [망] 바라다 · 우러러보다 · 사모하다 · 원망하다 · 명성 · 보름

○ 고위층 인사가 새로 임명될 때 흔히 등장하는 말이 물망이다. 이를테면 '○○가 장관의 물망에 오르다'와 같이 쓰인다. 그런데 '물망에 오르다'를 '후보에 오르다'란 뜻으로 오해하는 사람이 많다. 단지 후보로 거론되고 있을 뿐인데 '물망에 오르다'라고 표현하는 기사도 종종 나오곤 한다.

물망은 '모든 사람이 우러러보다'라는 뜻이다. 그래서 모든 사람이 우러러보는 자리 또는 그 사람을 지칭한다. 그러니까 '물망에 오르다'는 '모든 사람이 우러러보는 높은 자리에 오르다'란 뜻이다. 후보에 오른 것이 아니라 정식으로 그 자리에 임명되었을 때에 쓰는 것이 옳다.

한자를 좀 배웠으면 누구나 알고 있을 쉬운 글자가 물物이다. 그런데 이 물物의 뜻이 워낙 다양하고 애매해서, 옛글을 볼 때 가장 골탕을 먹이는 글자 중의 하나이다. 지금은 주로 '물건'이란 뜻으로 쓰인다. 옛날에는 '만물'이란 뜻으로 많이 쓰였다. 자연이 창조한 천지간의 모든 것을 물物이라고 했고, '나'를 제외한 세상의 모든 것을 또한 물物이라고 했고, 그밖에도 많은 뜻이 있었다. 물망에서의 물物은 '여러 사람, 많은 사람, 모든 사람'의 뜻이다

미개
未開

[미] 아직 · 아니다 [개] 열다 · 펴다 · 피다

○ 한자 개開에는 여러 뜻이 있다. 그래서 '미개'도 여러 뜻을 가진다. 첫째, '꽃이 아직 피지 않다'이다. 둘째, '땅이 아직 개척되지 않다'이다. 이 경우 개開는 '개척, 개간'의 뜻이다. 사막이나 밀림처럼 인간의 개척의 손길이 닿지 않은 땅을 '미개의 땅'이라고 한다. 셋째, '사회가 발전되지 않고 문화 수준이 낮다'는 뜻이다. 문명文明과 상대되는데, 이 경우 개開는 '개화, 발전'의 뜻을 가진다.

사회의 문명과 발전 수준에 따라 보통 '미개 사회, 후진後進 사회, 개발도상 사회, 선진先進 사회' 등으로 나눈다. 이 가운데 요즘 우리 사회는 어느 단계에 속하는가에 대해 자조 섞인 분석이 나돌고 있다. 기술과 경제 발전의 수준을 보면 선진 사회의 문턱에 들어섰고, 교육 제도와 환경을 보면 아직 개발도상 사회이고, 정치 문화와 행태를 보면 아직 미개 사회에 속한다는 분석이 그것이다.

따지고 보면 '미未'는 완전히 아닌 것이 아니라 '아직 아니다'라는 뜻이므로, 언젠가는 바라는 대로 되리라는 희망이 담겨 있긴 하다.

미도지반
迷途知返

[미] 미혹하다 · 길 잃다 [도] 길 [지] 알다 [반] 돌아오다

○ 지리가 복잡한 낯선 곳을 찾아가던 도중, 아무래도 길을 잘못 들었다는 생각이 든다면 어떻게 하는 것이 좋을까? 더 헤매기 전에 일단 처음 시작했던 지점으로 돌아오는 것이 최선이다. 그래야 자기가 왜 길을 잘못 들었는지 따져볼 수 있어, 시행착오를 최소한으로 줄일 수 있기 때문이다. 이 상황을 일컫는 고사성어가 '미도지반'으로, '길을 잃었으면 돌아올 줄 안다'는 말이다. '일단 잘못을 범했더라도 즉시 고칠 줄을 안다'는 뜻으로 쓰인다.

중국 남북조시대는 수많은 나라가 나타났다 사라지고 정권 교체가 잦았던 혼란한 시기여서, 사람들은 도대체 어느 정권을 따라야 옳은지 갈피를 잡지 못하곤 했다. 진백지陳伯之란 사람이 남제南齊에서 강주자사江州刺史의 직책에 있다가, 남제가 망하고 남량南梁이 들어선 후에도 계속 그 자리에 있었다. 조금 후에 반군을 일으켰다가 대패하여 북위北魏로 건너가, 남량과 대적하는 군대의 장군으로 임명되었다. 이에 남량의 구지丘遲라는 사람이 진백지에게 '미도지반하는 것은 예로부터 가장 현명한 것이다'라는 내용의 장문의 편지를 보내 회유했다고 한다.

미명
美名

[미] 맛이 좋다 · 아름답다 · 좋다 **[명]** 이름 · 명목 · 평판 · 소문

○ 미명의 원래 뜻은 '아름다운 이름' 또는 '좋은 평판'이다. 그러나 지금은 이 뜻으로 사용되는 예가 거의 없다. 오히려 부정적인 의미에서 '그럴듯한 명목' 또는 '훌륭하게 내세운 이름'을 뜻하는 말로 쓰인다.

'○○이란 미명하에'라는 말이 있다. '○○이란 그럴듯한 명목을 내세운 아래'라는 뜻이다. 예를 들면 '자선 사업이란 미명하에 사복을 채우다'와 같이 쓰인다.

'미美'는 '羊'과 '大'를 합한 모양이다. 아주 먼 옛날, 한자가 만들어질 당시 인류의 주요 행사 가운데 하나가 신에게 제사하는 것이었다. 제물로 '양羊'이 많이 사용되었다. 그중 가장 크고 살찐 양을 신에게 바치기 마련이었다. 그래서 큰大 양羊을 뜻하는 글자 '미美'가 '훌륭하다, 좋다, 맛있다' 등의 뜻으로 쓰이게 되었다.

'명名'은 '夕'과 '口'가 위아래로 합해진 모양이다. '석夕'은 '저녁'이고 '구口'는 '입'이란 뜻이다. 저녁이 되면 어두워져서 서로 알아볼 수 없으므로 자기가 누구인지 입으로 밝혀야 했다. 그래서 '명名'은 자기가 누구인지 밝히는 '이름'이란 뜻이 되었다.

미봉
彌縫

○ 미봉은 '깁다, 옷의 떨어진 곳을 꿰매다'는 뜻이다. 옷이 떨어지면 꿰매 입는 것은 당연하다. 그래서 미봉도 당연한 것처럼 생각된다. 그런데 나라에 대형 사건이 터지면 '절대 미봉책彌縫策으로 해결해서는 안된다'는 말을 흔히 듣게 된다. 미봉이 무언가 바람직하지 않은 처리를 가리키는 것을 알 수 있다.

'옷의 떨어진 곳을 꿰매다'에서 파생된 미봉은 '빈 구석이나 잘못된 것을 임시 변통으로 이리저리 둘러대서 꾸미다' 혹은 '사태를 근본적으로 해결하지 않고 대충 마무리하다'라는 의미를 가진다. 오늘날 쓰이는 미봉의 뜻은 후자이다. 그래서 미봉책은 '임시로 꾸며 눈가림만 하는 일시적인 계책'을 뜻한다.

사태 해결의 열쇠를 쥐고 있는 주요 인물은 봐주고 그 밑의 관련 인물만 무수하게 구속해서, 수십 · 수백명의 범법자를 색출하는 성과를 올렸다고 호들갑을 떠는 것이 미봉의 사례다. '손바닥으로 하늘 가리기'라는 말이 있다. 자기에게 하늘이 보이지 않을지언정, 다른 사람은 모두 하늘을 보고 있다. 미봉은 결국 '손바닥으로 하늘가리기'이다.

미숙
未熟

[미] 아직·아니다 [숙] 익다

○ 운전 미숙으로 교통 사고가 나고, 조작 미숙으로 기계 사고가 나고, 요즘 젊은 여성들은 김치 담그는 것이 미숙하다고 한다. '숙熟'은 원래 그릇에 맛있는 재료를 넣고 끓이는 모양에서 나온 한자이다. 따라서 미숙은 '음식이 아직 익지 않았다'는 뜻이다. 이로부터 '일이 익숙하지 못하다' 또는 '경험이 부족하다' 등의 뜻으로 변천되었다.

미숙을 불숙不熟이라고 해도 같은 뜻이 아니냐고 묻는 사람이 많다. 미未나 불不이나 모두 '아니다'는 뜻이 가지고 부정否定을 뜻하는 말이므로 그럴 법도 하다.

그런데 엄연한 차이가 있다. 불不은 결과를 부정하는 말이고 미未는 시간적으로 아직 완성되지 않았다는 뜻에서 부정하는 말이다. 즉 불숙不熟은 '익지 않았다'이고 미숙은 '아직 익지 않았다'이다. 미숙에는 언젠가는 익을 것이라는 뜻이 담겨 있다. 어떤 일에 미숙한 사람도 자꾸 하다 보면 숙달되기 마련이다.

마찬가지로 미래未來를 불래不來라고 하는 사람은 없다. 불래不來는 '오지 않았다'이고 미래未來는 '아직 오지 않았다'이기 때문이다. 미래는 언젠가 닥쳐올 날이라는 뜻이다.

박차
拍車

[박] 치다 · 박자 · 박 [차] 차 · 수레 · 바퀴

○ '○○에 박차를 가하다'라는 말이 있다. '더욱 힘을 내게 하다' 정도의 뜻이다. 여기서 '박차'란 무엇일까?

박차란 '승마용 신발의 뒤축에 댄 쇠로 만든 톱니바퀴 모양을 한 물건'을 말한다. 말을 타고 달릴 때 박차를 이용하여 말의 배를 차서 말이 빨리 달리게 한다. 미국 서부 영화나 만화를 보면 목동들이 신고 다니는 신발의 뒷부분에 톱니바퀴 모양을 박차가 불쑥 솟아나와 있는 것을 흔히 볼 수 있다. 그래서 박차는 '어떤 일의 촉진을 위하여 더하는 힘'을 비유하는 말로 쓰인다.

옛날에는 '부딪쳐서 성벽 따위를 깨뜨려 부수는 데 쓰는 수레'를 박차라고 했다. 다른 말로 충거衝車라고도 불렀다. 오늘날의 탱크 역할을 했던 전쟁 무기였던 셈이다.

박拍은 원래 '치다'라는 뜻이다. 손뼉 치는 것을 박수拍手라고 하고, 손바닥을 치는 것을 박장拍掌이라고 하는데, 박수와 박장은 사실 같은 동작이다. 악기의 이름이기도 하다. 춤이나 풍악을 시작할 때나 그칠 때, 또는 곡조의 빠르고 더딤을 지휘할 때 쓰는, 판을 두 개 또는 그 이상 여러 개 꿰어 묶은 모양의 악기를 박拍이라고 한다.

차車는 수레나 자동차 뿐 아니라 바퀴 모양으로 된 기구를 가리키는 말로도 쓰인다.

한자어 이야기

반포
反哺

[반] 돌이키다 · 돌아오다 · 배반하다 [포] 먹다

○ 보통 새끼새가 알에서 깨면 어미새가 새끼에게 먹이를 물어다 준다. 그런데 까마귀는 새끼가 자라면 거꾸로 늙은 어미에게 먹을 것을 물어다 준다고 한다. 이로부터 '반포'라는 말이 나왔다. '포哺'는 '씹어서 먹이다'라는 뜻으로, 즉 반포는 '새끼가 거꾸로 어미에게 먹을 것을 물어다 먹이다'이다. 이 말은 '자식이 자란 후에 그동안 입었던 부모의 은혜를 갚아 자식의 도리를 다하다'라는 뜻이다.

연로한 부모를 모시기 귀찮다고 효도 관광을 보내주는 척하며 외지로 데리고 나가서 버리고 오거나, 자식의 홀대를 견디다 못해 집을 나와 쓸쓸히 사는 노인들이 많아진다고 한다.

부모가 자식을 낳아 기르는 것이 나중에 보답을 받기 위한 것이 아닐지라도 자식은 자라서 부모를 봉양하는 것이 참된 도리이다.

까마귀조차 반포의 도리를 다할 줄 아는 것을 생각하여, 까마귀만도 못한 사람이 되지 말자.

방국
邦國

~~~
[방] 나라 [국] 나라
~~~

○ '방邦'도 나라를 뜻하고, '국國'도 나라를 뜻한다. 따라서 방邦과 국國이 합쳐진 방국 역시 '나라, 국가'를 뜻한다. 그런데 방邦과 국國은 같은 것인가, 다른 것인가? 둘 다 뜻은 같아 보이지만 원래 엄연한 차이가 있었다.

방邦의 어원은 '봉封'이다. 옛날에 천자가 귀족이나 공신에게 영토를 나누어 주어 각 지역의 왕으로 삼았던 제도에서, 영토의 경계를 확정짓는 것을 봉封이라고 했다. 방邦은 봉封과 사람이 많이 모여 사는 곳을 뜻하는 부수 '우부방阝, 邑'을 합한 글자이다. 국國은 방邦에서 가장 중요한 부분, 즉 신의 위패를 모시고 사방에 성을 쌓은 구역 안을 일컬었다. 지금으로 치자면 수도에 해당한다. 간단히 말해서, 원래 나라의 영토 전체를 뜻하는 말이 방邦이었고, 방邦의 통치 중심을 뜻하는 말이 국國이었다.

지금도 영토 전체의 의미를 살리려면 국國을 쓰지 않고 방邦을 쓴다. 이를테면 합방合邦, 연방聯邦 등을 쓰지만 합국合國, 연국聯國은 쓰지 않는다.

방심
放心

[방] 놓다 · 내치다 · 내쏘다 · 멋대로 하다　[심] 마음 · 심장 · 한가운데

○　우리가 사용하는 방심이란 한자의 뜻은 '마음을 다잡지 않고 풀어놓다, 정신을 차리지 않다'이다. 즉 부정적 의미로 사용되기 때문에, 직장이나 학교 혹은 군대 등 어디에서든 방심하면 안 된다는 말을 많이 듣는다.

그런데 중국에 가면 반대로 '방심하라'는 말을 많이 듣는다. 그 이유는 말할 것도 없이 방심의 뜻이 양쪽에서 다르게 쓰이기 때문이다. 중국에서 방심은 '마음을 푹 놓다, 더 이상 걱정하지 않다, 마음을 크게 가지다' 등의 뜻으로 쓰인다. 즉 안심安心과 같은 말이다.

물론 중국에서도 방심의 원래 뜻은 '마음을 다잡지 않고 풀어놓다, 정신을 차리지 않다'였다. 사람이 타고난 본성은 원래 선善한 것이라고 믿었던 맹자孟子는 사람이 악해지는 이유는 방심했기 때문에, 즉 제대로 수양하고 관리하지 않아 타고난 선한 본성이 달아나 버렸기 때문이라고 보았다. 그래서 사람은 잃어버린 선한 본성을 되찾아야 한다고 역설했다.

방약무인

傍若無人

[방] 곁 · 옆 [약] 만약 · 마치 [무] 없다 [인] 사람

○ '방약무인의 태도를 보이다', '방약무인으로 행동하다' 등의 말이 있다. '방傍'은 '곁이나 옆'을 뜻하고, '약若'은 '마치 ○○인 것 같다'는 뜻이다. 그래서 방약무인은 '마치 옆에 사람이 없는 것 같다'는 말이다. 어려워하거나 조심하는 법이 없이 함부로 말하고 행동하는 것을 말한다.

사람은 누구나 곁에 누가 있으면 아무래도 말과 행동을 조심하게 마련이다. 반대로 곁에 누가 없으면 속에 있는 말이나 하고 싶은 행동을 스스럼없이 하게 된다. 그래서 사람이 제멋대로 행동하는 경우를 빗대는 말에 사람이 없는 지경으로 비유하는 말이 많다. 안하무인眼下無人도 그렇다.

동서양을 막론하고 인격을 수양하는 주요 과제로 혼자 있을 때를 조심하라고 가르치는 것도 그 때문이다. 지도층 인사의 방약무인의 태도가 자주 화제거리로 오르내린다. 자기가 하는 말과 행동이 혹시 옆에서 누군가 보고 듣고 있어도 괜찮을 것인가 따져보는지 궁금할 뿐이다.

방황
彷徨

[방] 배회하다 · 비슷하다 [황] 배회하다

○ 방황이란 '목적이나 방향없이 이리저리 왔다갔다 하는 모양' 또는 '배회하는 모양'을 뜻한다.

한자로 방황을 '仿偟'이라고 쓰기도 한다. 혹시 '방황'을 한자로 쓰라는 문제가 나왔다면 어떻게 써야 맞을지 그야말로 방황할 일이다. 결론부터 말하자면, 둘 다 맞다.

한자어 중에도 반드시 어느 글자로 써야만 맞는다고 규정할 수 없는 것들이 있다. 소리나 상황을 묘사한 의성어나 의태어 등에 그 예가 많은데, 방황彷徨 · 仿偟도 그 예이다. 이를테면 우리말로 '새가 훨훨 난다'와 '새가 펄펄 난다'란 표현 중에서 어느 것이 맞고 틀리다고 규정할 수 없는 것과 같다.

이 경우에는 한자의 고유 뜻이나 모양보다는 소리, 즉 발음의 효과를 이용해 표기했기 때문이다. 따라서 동일한 발음의 계열인 다른 글자를 써도 무방하다는 융통성이 생기는 것이다. 의기양양의 '意氣揚揚'과 '意氣洋洋'이 같은 것과 마찬가지이다.

배필
配匹

[배] 짝 · 짝짓다 · 나누다 [필] 짝 · 짝짓다 · 상대

○ 배필이란 '짝이 되는 아내나 남편'을 뜻하는 말이다. 그럴 경우 '배配'도 '필匹'도 모두 '짝, 짝짓다'의 뜻으로 쓰인다. 배우配偶라고도 한다. 배필의 기준은 무엇일까? 외모를 따지는 사람, 내실을 따지는 사람 등 각양각색일 것이다.

소설《삼국지》의 인기 인물, 신출귀몰하는 전략가이자 정치가였던 제갈량은 키가 훤칠하고, 외모가 출중하고, 재주와 지혜가 남달랐다. 누가 뭐라 해도 일등 배필감이었다.

원래 남다른 인물일수록 배필을 구하기 어려운 법, 제갈량이 혼인할 나이가 되어도 주위 사람들은 감히 그의 출중한 외모와 실력에 걸맞는 배필을 찾지 못했다.

그 때 친한 친구 황승언黃承彦이 말했다. "자네도 이제 배필을 구해야겠네. 내게 딸이 하나 있네만, 아주 못생겼지. 머리는 노랗고 살갗은 검다네. 하지만 글재주를 따지자면 자네의 배필이 될 만하지."

결국 천하의 일등 신랑감 제갈량은 천하의 소문난 추녀 황승언의 딸과 혼인했다. 그래서 '남자라면 제갈량을 닮되, 배필 고르는 것은 안 닮아도 된다'는 우스개 속담이 중국에 전하고 있다. 하지만 그녀의 내조로 제갈량의 학식과 덕망은 더욱 빛나게 되었다.

백면서생
白面書生

[백] 희다 [면] 얼굴 · 만나다 [서] 책 [생] 낳다 · 사람

○ 백면서생을 한자 그대로 풀면 '오로지 책만 읽어서 얼굴이 하얗고 세상 일에 경험이 없는 사람'이다. 그저 책에서 공부한 것만 알고 실제 상황에 적용할 줄 모르는 사람을 빗대어 꼬집는 말이다.

중국 남북조 시대 송宋나라 오군鳴郡 무강武康 지방에 심경지沈慶之라는 사람이 있었다. 어려서부터 큰 뜻을 품었고, 매우 건장하고 용감했다. 그가 10여 세 때 고향에 외적이 침입하자, 일가 사람들과 떨쳐 일어나 대항하여 대승을 거두었다. 이로부터 심경지는 용감무쌍하기로 이름이 났고, 이후에도 많은 공을 세워 장군이 되었다.

그로부터 한참 후에 송나라 왕이 북방으로 영토를 확장하려고 하는데 아무 경험도 없이 글만 읽던 사람을 보내려고 했다. 이때 심경지가 말했다. "나라를 다스리는 일도 결국 집안을 다스리는 것과 같습니다. 농사짓는 일은 실제로 논밭을 갈고 씨 뿌리는 농부에게 물어야 하고, 옷감 짜는 일은 실제로 뽕잎 따고 누에 치는 하녀에게 물어야 합니다. 폐하께서 다른 나라를 공격하려 하시는데, 그저 백면서생에게 일을 맡기려 하시니, 어찌 성공할 수 있겠습니까?" 그러나 왕이 그의 말을 듣지 않아 결국 패하고 말았다.

백분율
百分率

~~~~~~~~~~~~~~~~~~~~~~~~

[백] 백 **[분]** 나누다 **[률]** 비율 · 규칙

○ 백분율이란 '어떤 기본 수를 100으로 할 때에 그것에 비교하여 가지는 비례'를 일컫는다. 영어 '퍼센티지percentage'를 한자로 옮긴 말이다.

백분율은 평생 우리를 따라다니며 때로는 울리고 때로는 웃게 만들곤 한다. 알다시피 학교나 직장에서 학업 성적이나 근무 성적이 거의 백분율로 처리되기 때문이다.

백분율에서 만점은 100점이다. 흔히 '만점' 하면 누구나 '100점'을 떠올리는 것도 그만큼 백분율 계산에 익숙하기 때문이다.

'률率'은 읽을 때에 조심해야 한다. 자주 쓰이는 발음은 세 가지이고, 잘 안 쓰이는 것까지 따지면 무려 다섯 가지가 있다. 통솔統率, 인솔引率, 솔선率先 등과 같이 '거느리다, 좇다, 본받다, 앞서다' 등의 동사로 쓰이면 '솔'로 읽어야 한다. '장수, 우두머리' 등의 명사로 쓰이면 '수'로 읽어야 한다. 백분율에서와 같이 '비율, 규칙, 제도' 등의 뜻일 때는 '률(율)'로 읽어야 한다.

백악
白堊

[백] 희다 **[악]** 백토 · 석회 · 회칠하다

○ 백악白堊이란 한자어가 들어 있는 흔히 쓰이는 말로는 지질 시대의 하나인 백악기白堊紀와 미국 워싱턴에 있는 미국 대통령의 관저 백악관白堊館이 있다. 백악기의 백악과 백악관의 백악은 같을까? 백악이란 과연 무슨 뜻일가?

한자의 뜻으로 보면 백악은 '흰빛의 흙'이다. 그래서 백토白土라고도 한다. 흰 빛깔의 대명사인 석회를 일컫는 말이기도 하다. 석회로 하얗게 칠한 곳을 '백악의 전당'이라고 부르기도 한다. 그러니까 미국 대통령의 관저 백악관은 말 그대로 '하얀 집White House, 하얗게 칠한 집'인 셈이다.

지질학적으로 보면 백악은 '생물의 시체가 쌓여 이루어진 석회질 암석'으로, '천연 탄산칼슘 성분이 많이 함유된 암석 및 토양'을 말한다. 마찬가지로 흰빛을 띠며, 건축물 및 도자기를 칠하는 석회 및 도료의 원료이자 백묵(분필), 콘크리트 등의 원료이다.

백악기라는 지질시대의 명칭도 석회질 토양층으로 이루어졌기 때문에 붙여진 것이다.

백운
白雲

[백] 희다 [운] 구름

○ 백운은 '흰 구름'이다. 일 때문에 정신없이 이리저리 뛰어 다니다가 문득 고개 들어 하늘에 떠 있는 흰 구름을 보았다면 무엇을 떠올릴까? 물론 사람마다 가지각색일 것이다.

중국 당唐나라 때 적인걸狄仁傑이라는 사람이 있었다. 병주幷州의 법조참군이라는 관직에 임명받아 근무하고 있었는데, 부모가 멀리 떨어져 있어서, 곁에서 모시지 못하는 것이 항상 한스러웠다. 하루는 산에 올랐는데 사방을 둘러보니 하늘에 흰 구름이 외롭게 떠다니는 것이 보였다. 그는 함께 산을 올랐던 사람들에게 "저 흰 구름 밑에 우리 부모 계신 고향 집이 있지."라고 말하더니, 그리움과 탄식으로 한참을 바라보다 구름이 다른 곳으로 흘러가자 돌아갔다고 한다.

이로부터 흰 구름은 그리움의 대상을 상징하는 말로, 특히 나그네가 고향의 부모를 그리워하는 마음을 상징하는 말로 쓰이게 되었다. 같은 뜻으로 백운친사白雲親舍, 백운고비白雲高飛라고도 한다.

백중
伯仲

[백] 맏 · 큰아버지 · 백작 · 우두머리 [중] 버금 · 가운데

○ 운동 경기 중계에서 '이번에 참가한 팀들은 백중의 형세를 보인다'는 말을 흔히 들을 수 있다. 백중이란 '서로 비슷하게 맞서다, 우열을 가릴 수 없다'는 뜻이다. 원래는 '맏형과 그 다음'이라는 말인데, '서로 어슷비슷해서 누가 형이고 누가 아우인지를 분간할 수 없다'는 말에서 나왔다.

백중은 원래 형제의 차례를 일컫는 말이었다. 옛날에는 형제를 맨 위부터 차례대로 '백伯 · 중仲 · 숙叔 · 계季'라고 불렀다. 예를 들어, 아버지의 형제가 여럿일 경우 맨 위의 큰아버지를 백부伯父, 그 다음을 중부仲父 · 숙부叔父 · 계부季父의 순으로 불렀다. 지금은 엄격하게 구분하지 않고 백부 이외의 아버지의 형제를 모두 숙부라고 부른다. 남의 형님을 높여서 말할 때 백씨伯氏라고 하고, 어른이 된 남의 동생을 높여서 말할 때 계씨季氏라고 하는 것도 한 예이다.

요즘은 자녀를 하나만 낳는 것이 보편화되고 있으니, 앞으로는 백부나 숙부란 말을 듣기 힘들지도 모르겠다.

백척간두

百尺竿頭

[백] 백 **[척]** 자 **[간]** 장대 · 죽순 · 화살대 **[두]** 머리

○ 몹시 위태롭거나 어려운 상황에 처해 있을 때 '백척간두에 서 있다'라고 말한다. 백척百尺은 '백(100) 자', 간두竿頭는 '장대의 끝'이다. 그래서 백척간두는 '백 자의 장대의 끝'이라는 말로, '아주 높은 곳' 또는 '매우 위태롭고 어려운 지경'을 비유하는 말이다. 아주 높은 장대가 휘청휘청 흔들려서 언제 떨어질지 위태롭기 때문이다.

한자 '간竿'을 '우竽'로 혼동하기 쉬우므로 주의해야 한다. 우竽는 피리의 일종이다. 생황笙簧 비슷한 악기로, 처음에는 36개의 가는 대나무 관을 함께 묶어 만들다가, 나중에 19개로 줄었다.

한편 백척간두는 또 다른 성어를 낳기도 했는데, 백척간두진일보百尺竿頭進一步 하면 '백척간두에서 한 걸음 더 나아간다'는 뜻으로, '지극히 어려운 중에서도 더욱 노력한다'는 뜻이다. 또한 간두과삼년竿頭過三年은 '장대 끝에서 3년을 지냈다'는 말로, '괴로움이나 위험을 오랫동안 참고 지내다'라는 뜻이다.

변화
變化

○ '변화'의 뜻을 모르는 사람은 없을 것이다. '사물의 형상이나 성질 같은 것이 달라지다'란 뜻이다. 그런데 '변變'과 '화化'는 어떤 차이가 있을까? 같은 뜻이라면 굳이 다른 글자를 만들어 쓸 필요가 있었을까?

원래 용법을 보면 변變은 형태가 바뀐 것을 뜻할 때 쓰였고 화化는 성질이 바뀌어 다른 것이 되었을 경우에 쓰였다. 변變은 위치, 수량, 모양, 형식, 방식, 상태 등이 바뀐 것을 뜻했으며, 사물의 본질적 변화를 뜻하지는 않는다.

화化의 바뀐 정도는 변變보다 심하고 철저하다. 화化의 결과는 사물이 다른 사물로 또는 다른 성질로 바뀌는 근본적 변화이다. 물고기가 새로 변한다든지 사람이 돌로 변한다든지 했을 때는 화化를 쓴다. 쉬운 예를 들자면 사람이 예쁘게 보이려고 미용 성형 수술을 한 것은 변變한 것이고, 악한 인성이 바뀌어 선하게 되었다면 화化한 것인 셈이다.

그밖에 변變은 바뀌는 속도가 갑작스럽고 신속하고 급격한 경우에 썼고, 화化는 점진적으로 바뀌는 경우에 썼다. 변색變色, 변법變法, 변성變聲 등과 진화進化, 교화敎化, 감화感化 등의 예를 보면 알 수 있다.

보상·배상
補償·賠償

[보] 깁다 · 고치다 · 보수하다 [상] 갚다 [배] 물어주다

○ '손해보상'이란 말도 있고, '손해배상'이란 말도 있다. 한자의 뜻으로 보면 보상과 배상은 모두 '남의 손해를 물어 주다, 갚아 주다'이다. 그렇다면 두 단어는 어떻게 다를까?

두 말에 모두 '상償'이란 글자가 들어 있으니, 먼저 상償의 뜻을 보자. 상償은 '갚다, 돌려주다'의 뜻이다. 상償의 어원은 상賞인데, 옛날에 신하가 열심히 일을 해서 공을 세운 것에 대한 보답으로 임금이 재물 · 관직 등을 주는 것을 뜻했다. 상하 관계가 아닌 대등한 관계에서 상대방이 베푼 것에 대한 보답으로 주는 것은 상償이라고 했다. 賞도 償도 상대방이 해준 것에 보답한다는 뜻에서 '갚다, 돌려주다' 등의 뜻이 생겼다.

'보補'의 원래 뜻은 '옷을 깁다'이다. 남의 부족한 것을 채워 준다는 뜻에서 '도와주다, 보태 주다' 등의 뜻도 생겼다. '배賠'는 남에게 손해를 끼친 당사자가 그만큼 또는 배 이상의 재물로 물어 준다는 뜻이다.

오늘날 법률 용어에서 보상은 적법한 행위로 인해 가해진 손실을 물어 주는 것을 말하고, 배상은 위법한 행위로 인해 가해진 손실을 물어 주는 것을 말한다.

보필
輔弼

[보] 덧방나무 · 돕다 [필] 도지개 · 바루다 · 돕다 · 바로잡다

○ 보필이란 '통치자의 정치를 돕다, 또는 돕는 사람'을 말한다. 큰 일을 하는 사람 옆에는 항상 같이 다니면서 도와주는 사람이 있게 마련이다. 이들을 보필이라고 한다. 그래서 국가의 대장大將 · 대신 大臣 등을 일컫는 말이기도 하다.

한자의 모양을 보면, '보輔'는 수레와 관계 있고 '필弼'은 활과 관계 있음을 알 수 있다. 보輔의 원래 뜻은 '수레덧방나무' 또는 '바퀴덧 방나무'이다. 수레바퀴 양쪽에 끼워 넣어 수레가 차체를 지탱하는 것을 도와주는 나무 막대이다. 이로부터 '도와주다'라는 뜻이 나왔 다. 필弼의 원래 뜻은 '도지개'이다. 모양이 변형되어 휘어진 활을 활을 바로잡는 도구이다. 이로부터 '바로잡다'라는 뜻이 나왔다.

옛날에 통치자들은 왼쪽에 자리하여 자신의 정책 추진을 돕고 부족 한 능력을 채워주는 대신을 보輔라고 하고, 오른쪽에 자리하여 자신 의 잘못을 비판하고 못하도록 말림으로써 올바른 방향으로 나아가 게 하는 대신을 필弼이라고 했다.

본산
本山

[본] 밑동·근본·책·이 [산] 산·절

○ 광고 문구나 간판 등에서 '○○의 본산'이라는 말을 종종 볼 수 있다. 아마 그 계통에서 최초이자 원조라는 것을 선전하기 위해 쓰는 말일 것이다.

그런데 본산은 원래 무슨 의미일까? 어떤 '산山'을 일컫는 말인가?

본산에서 산山은 '절'을 뜻한다. 원래 본산이란 '한 종파에 딸린 여러 절을 통할하는 절'을 가리키는 불교 용어이다. 불교에 수많은 종파가 있는데, 각 종파의 원조이자 우두머리 격에 해당하는 절을 본산이라고 한다. 이를테면 '조계사曹溪寺'는 '조계종曹溪宗'의 본산이다. 본사本寺도 같은 뜻의 말이다. 본산 밑에 딸린 절을 말사末寺라고 한다.

그밖에 본산은 남에게 말할 때 '자기가 있는 절' 즉 '이 절'을 뜻하기도 한다. 이럴 경우 '본本'은 본인本人이라는 말처럼 지시 대명사 '이'의 뜻이다.

최초로 어떤 명산에 절을 세운 인물을 개산조사開山祖師라고 한다. 그래서 어떤 학파나 기술의 개창자 또는 어떤 사업을 맨 처음으로 일으킨 사람을 개산조사라고 부르기도 한다.

봉건
封建

[봉] 봉하다 [건] 세우다

○ '봉건'이란 말만 들으면 공연히 시의에 맞지 않아 고리타분한 것이나, 타도해야 할 대상인 것 같은 느낌이 든다. 실제로 근대화 시기에는 봉건이란 말이 붙은 모든 것이 타도와 배척의 대상이었다.

그런데 '봉건'이 그렇게까지 푸대접받을 말은 아니다. 그저 정치 제도의 일종일 뿐이었다. 봉건의 원래 뜻은 '일정 구역의 토지를 주어 나라를 세우게 하다, 천자天子가 토지를 제후諸侯에게 주어 통치하게 하다'이다.

봉封은 '흙을 도도록하게 쌓아 올리다'를 뜻한다. 옛날에는 일정 구역의 토지를 구분할 때 흙을 쌓아 올려 경계를 삼았다. 그래서 봉封에는 '경계 짓다, 구획하다'는 뜻도 생겼다. 건建은 그렇게 받은 토지에 건물을 세우고 성을 쌓는 것을 일컫는 말이다.

봉건이 시행되던 시기에는 전국에 여러 제후 국가가 있었다. 각 제후 국가의 우두머리를 통칭하여 왕王이라고 했고, 모든 제후를 총괄하는 최고의 자리가 천자天子의 자리였다.

지금은 단순히 과거 시대를 지칭하는 말로 '봉건 시대'나 '봉건 제도'라는 말을 쓰이지만, 순수한 의미에서 봉건 제도가 시행된 역사는 그리 길지 않다.

봉두난발

蓬頭亂髮

[봉] 쑥 · 흐트러지다 [두] 머리 [란] 어지럽다 [발] 털 · 머리털

○ 머리를 빗지 않아 머리가 쑥처럼 흐트러져 있는 모습을 봉두난발이라고 한다. 봉두蓬頭와 난발亂髮은 사실 같은 말이다. 봉두는 비유적인 표현이고 난발은 직설적인 표현일 뿐이다. 봉수蓬首 또는 봉발蓬髮이라고도 한다.

봉蓬은 쑥을 가리킨다. 한바탕 난리나 소동이 지나가 이수선하게 난장판으로 흐트러진 것을 흔히 쑥에 비유한다. 쑥밭이라는 말도 그렇다. 쑥은 대가 곧지 않으면서 키는 제법 자라는 식물이어서, 제멋대로 늘어지고 휘어지며 뒤엉킨다. 그래서 쑥밭을 정리하거나 지나가기란 좀처럼 쉬운 일이 아니다. 봉두난발이란 결국 머리가 쑥밭이 되었다는 뜻이다.

머리털은 사람의 외모에서 중요한 역할을 한다. 봉두난발로 다녀서는 좋은 인상을 주기 힘들다.

봉래산
蓬萊山

[봉] 쑥 [래] 명아주 [산] 산

○ 봉래산이라고 하면 떠오르는 것이 '금강산金剛山'이다. 금강산의 모습은 사시사철 변화무쌍한데, 여름 금강산의 별칭이 봉래산이기 때문이다. 원래 봉래산은 '동쪽 먼 바다에 떠 있는 신선들이 모여 산다는 전설의 섬'을 말한다.

전설에 따르면, 발해渤海의 동쪽 머나먼 곳에 세상의 모든 물이 모여든다는 바닥 없는 깊은 연못 '귀허歸墟'가 있다고 한다. 그곳에 다섯 산이 떠 있는데, 황금과 백옥으로 만든 전각과 누각, 진주와 보석이 열리는 나무가 있어서, 그 나무의 꽃이나 과일을 먹으면 죽지 않고 영원히 산다고 한다.

신선들이 이곳에 살면서 매일 구름과 안개를 타고 이 산에서 저 산으로 날아다녔는데, 산이 바다 위에 둥둥 떠 있어서 어디로 흘러가 버릴지 몰라 걱정이었다고 한다. 그래서 천제天帝에게 산을 고정시켜 달라고 청했다. 천제는 북해北海의 신에게 대책을 세울 것을 명하여 큰 자라 열다섯 마리를 보냈다. 세 마리가 산 하나씩 맡아 교대로 밑에서 산을 떠받치게 했다. 후에 어떤 거인이 나타나 단번에 자라 여섯 마리를 잡아가 버려서, 두 산은 가라앉고 세 산만 남게 되었다. 바로 봉래산, 방장산方丈山, 영주산瀛洲山이었다. 이 세 산을 삼신산三神山이라고 한다.

부가·부과
附加 · 賦課

[부] 붙다 [가] 더하다 [부] 구실 · 부역 · 매기다 [과] 매기다 · 조세 · 시험하다

○ 부가附加와 부과賦課는 서로 그다지 관련이 없는 단어이다. 그런데 '부가'와 '부과'를 혼동해서 쓰는 사례가 의외로 많다. 부과는 '세금을 매기다' 또는 '의무를 지우다'라는 뜻이다. '세금을 매기다'의 뜻으로는 부세賦稅, 과세課稅로도 쓴다. 식구의 수대로 일정한 금액을 나라에 세금으로 바치게 했던 것을 뜻하는 글자가 부賦이다. 이로부터 '의무를 부여하다(부여받다)'라는 뜻도 생겼다.

부가는 '덧붙이다, 첨가하다'라는 뜻이다. '부가소득', '부가가치' 등의 말에 주로 쓰이는데, 원래의 것 이외에 얻게 된 소득이 '부가소득'이고, 추가된 가치가 '부가가치'이다.

경제 용어에서 부가가치란 '기업에 의하여 새로이 생산된 가치'를 말한다. 총매상액에서 원재료비, 동력비 및 기계 설비의 소모에 상당하는 비용을 공제하여 계산되는 '새로이 생산된 국민 소득 부분'을 뜻한다고 한다.

부처
夫妻

[부] 사내 · 남편 · 일꾼 [처] 움직이다

ㅇ 뉴스나 기사의 제목에서 '○○○부처 △△△ 방문'이라는 말을 종종 보게 되는데, 한글로만 쓰면 이것이 도대체 어느 절의 부처란 말인지, 아니면 무슨 다른 뜻인지 헷갈릴 수 있다.

사실은 별것이 아니다. '남편과 아내', 즉 부부夫婦와 같은 뜻이다. 위의 기사 제목은 '○○○부부 △△△ 방문', '○○○내외內外 △△△ 방문'이나 똑같은 말이다.

그런데 처妻와 부婦는 어떻게 다를까? 알다시피 부婦는 경우에 따라서 뜻이 다양하다. 예를 들면 자부子婦에서는 며느리, 부녀婦女에서는 여자, 부부夫婦에서는 아내라는 뜻이다.

아내의 뜻으로 쓰이는 경우에, 부婦와 처妻는 완전히 같을까? 지금은 같지만, 옛날에는 구별이 있었다. 일부다처제를 인정했던 옛날에는 정식으로 맞은 첫 번째 아내를 처妻라고 했고, 이외의 다른 아내를 첩妾이라고 했다. 처와 첩을 아울러 한 남자의 모든 아내를 부婦라고 했다.

분수령
分水嶺

[분] 나누다 · 나뉘다 [수] 물 [령] 재 · 고개 · 봉우리

○ '승패의 분수령'이니 '역사의 분수령'이니 하는 표현을 자주 사용한다. 한자로 어떻게 쓰는지, 정확한 뜻이 무엇인지 물으면 선뜻 정확하게 답변하지 못하는 사람이 의외로 많이 있다.

분수령은 원래 지형학 용어로, 산이나 고지가 있어서 물흐름이 두 갈래로 갈라지는 경계를 이룰 때 그 산이나 고지가 바로 분수령이다. 물흐름을 두 갈래로 가르는 경계란 뜻에서 분수계分水界 또는 분수선分水線이라고도 한다.

분수령에서 갈라진 물길은 영영 서로 다른 길로 흘러가게 마련이다. 그래서 분수령이란 말은 '이후의 행로를 정하는 중요한 사건이나 시대'를 비유하는 말로 많이 쓰인다. '이번 선거는 우리의 미래를 결정짓는 분수령이다' 등의 예와 같이 쓰인다.

한자어 이야기

분야
分野

[분] 나누다 · 분별하다 [야] 들 · 성밖 · 별자리 · 야하다

○ 오늘날 분야란 '몇으로 나눈 각각의 범위'라는 뜻으로 쓰인다. 그런데 분야는 원래 동양의 고대 천문학에서 나온 용어이다. 동양 천문학에서는 하늘의 별자리를 동서남북 사궁四宮마다 각각 7개씩 28수宿('별자리'라는 뜻으로 쓰일 때는 '숙'이 아니라 '수'로 읽음)로 나누었다. 그리고 이 28수 별자리는 각각 땅의 어느 구역과 관계를 가진다고 믿었다.

이와 같이 하늘의 별자리에 따라 나눈 땅의 구역을 '분야'라고 했다. 그리하여 어느 국가의 세력 판도를 뜻하기도 했고, 이를 통해 점을 치기도 했다. 예를 들면, 밤하늘에 혜성이 나타나 A분야를 대표하는 별에 떨어지면 A지역이 침략을 당하고, B분야를 대표하는 별이 갑자기 빛을 잃고 흐려지면 B지역의 왕이 죽거나 나라가 망할 징조로 보았다.

불식

拂拭

[불] 떨다 · 걷어올리다 · 스치다 [식] 닦다 · 훔치다

○ 불식을 한자 그대로 직역하면 '털고 닦다'이다. 이로부터 '털고 닦은 것처럼 아주 치워 없애다'는 뜻이 나왔다. '오해를 불식하다'가 그 예이다.

한자 모양으로 보아 불拂과 식拭은 무언가 손과 관계있는 것임을 알 수 있다. 불拂은 '털다, 떨다'이다. 원래 치거나 때리는 동작과 관계가 있다. 세지 않은 힘으로 가볍게 치거나 때리는 동작이다. 어딘가 앉으려고 할 때 손으로 자리 위를 툭툭 털곤 하는데, 이것이 불拂이다. 오랫동안 보지 않던 책을 꺼낼 때 그 위에 앉은 먼지를 탁탁 터는 것 역시 불拂이다.

불의拂衣 또는 불수拂袖라는 한자어가 있다. '옷자락(또는 옷소매)를 털다'라는 말이다. 옷의 먼지를 터는 동작을 말한다. 그런데 이 말은 실제로 먼지를 터는 것이 아니라, 울면서 붙잡는 옷자락을 뿌리치고 결연히 떠나는 것을 표현할 때 흔히 썼다. 또한 바람이 살며시 얼굴을 때리듯 스쳐 지나가는 것을 '불면拂面'이라고 했다.

식拭은 수건이나 걸레 같은 것으로 먼지나 더러운 때 등을 닦아 없애는 것이다. 식면拭面이라는 말은 여성들이 화장을 지울 때 천이나 휴지로 얼굴을 닦아내는 동작을 연상하면 된다.

불편부당
不偏不黨

○ '불편불당'이 아니라 '불편부당'이라고 읽어야 한다. 어느 한 쪽에 치우치거나 어느 한쪽을 편들어서는 안 된다는 뜻으로, 매사를 공평하게 처리해야 한다는 말이다. 옛날에는 무편무당無偏無黨이라고도 했다.

편偏은 사람이 담 넘어 무엇을 보느라고 머리가 기울어진 모양에서 유래된 한자이다. 편偏이 들어가는 말은 대체로 안 좋은 뜻이 많다. 어느 한 사람을 치우치게 사랑하는 것이 편애偏愛이고, 어느 한쪽에 기울어 공평하지 못한 것이 편파偏頗이고, 한 가지에 집착하여 고집하는 것이 편집偏執이다.

당黨은 원래 마을을 뜻하는 말로 쓰였는데, 향당鄕黨이 그 예이다. 그 후로 취미나 목적을 같이 하는 사람들이 모인 것을 당黨이라고 했다. 정당政黨이란 정치적 목적을 같이 하는 사람들의 모임인 셈이다. 취미나 목적을 추구하여 모임이 이루어지면 그 모임만의 이익을 최우선으로 생각하여 다른 것은 도외시하기 쉽다. 그래서 당黨에도 '편들다, 한쪽으로 치우치다'의 뜻이 생기게 되었다. 결국 부당 역시, 모임을 만들지 말라는 뜻이라기보다는 어느 한쪽에 치우쳐 편들지 말라는 뜻이 된다.

비취
翡翠

[비] 물총새 · 비취색 [취] 물총새 · 비취색

o '비취'라고 하면 보석을 좋아하는 사람은 눈이 번쩍 뜨일지도 모르겠다. 흔히 비취는 빛깔의 이름 또는 미옥美玉의 일종인 것으로 알고 있다.

그런데 비취의 원래 뜻은 무엇일까? 바로 '물총새'라는 새를 말한다. 물총새 수컷을 비翡라고 하고 암컷을 취翠라고 한다. 물총새는 푸른 빛이 돌고 윤이 나는 아름다운 깃을 가지고 있어서, 이후로 비취는 그 새의 깃털과 빛깔을 일컫는 말이 되었다.

비취가 어떤 빛깔이냐고 묻는다면 설명하기가 당혹스럽다. 초록색도 아니고, 파란색도 아니고, 그 중간도 아니다. 어렵지만 설명하자면 '은은한 푸른 빛에 윤기가 도는 빛깔' 정도가 되겠다.

빛깔을 일컫는 말로 두 글자 중 하나만 쓰이기도 한다. 이를테면 한마디로 형용할 수 없는 고려 청자의 빛깔을 비색翡色이라고도 한다. 푸른 먹으로 그린 미인의 아름다운 눈썹을 취미翠眉라고 한다.

"비취는 아름다운 날개가 있기 때문에 도리어 죽음을 당한다."는 경구가 있다. 누구나 아름다움을 추구하지만, 아름다움이 오히려 자신을 해칠 수도 있음을 경계하는 말이다.

한자어 이야기

빈축
嚬蹙

[빈] 찡그리다 · 찌푸리다 [축] 찡그리다 · 찌푸리다

○ 빈축은 '눈살을 찌푸리다, 얼굴을 찡그리다'라는 뜻이다. '알만한 사람들이 오히려 더 질서를 어지럽히는 경우가 많아 남의 빈축을 사다'와 같이 쓰인다. '남의 빈축을 산다'는 말은 '다른 사람의 눈살을 찌푸리게 한다'는 말이다. '顰蹙'이라고도 쓴다. '빈嚬'과 '빈顰'은 모두 '찡그리다, 찌푸리다'의 뜻으로 같은 글자이다.

지금은 많이 쓰이지 않지만, 비슷한 말로 '축알蹙頞'이 있다. '알頞'은 '콧대'이다. 따라서 '축알'은 '콧대를 찡그리다'인 셈이다. '이맛살을 찌푸리다'라고 풀이하기도 한다. 빈축과 축알은 사실 한 동작으로 나타나는 현상이다. 콧대를 찡그리면 눈살이 찌푸려지고, 눈살을 찌푸리면 콧대가 찡그려지고, 이마에 주름이 잡히기 때문이다.

어쨌든 기분이 매우 언짢거나, 속이 몹시 아프거나, 걱정이 심할 때 나타나는 동작이다.

사모관대
紗帽冠帶

[사] 비단 [모] 모자·두건 [관] 갓·볏·어른·으뜸 [대] 띠

○ '사모관대 차리고 장가간다'는 말이 있다. 사모관대란 '사모紗帽와 관대冠帶를 갖춘 차림', 즉 정식으로 예장을 차려 입은 것을 말한다. 전통 혼례식에서 신랑이 입는 복장을 연상하면 된다.

사모는 아주 엷고 고운 가벼운 비단실로 짠 모자이다. 관대는 원래 '갓과 띠'를 가리키는 말이지만, 옛날 벼슬아치들이 입던 관복官服의 일종을 뜻하기도 했다. 그중에서도 특히 단령團領 즉 목 둘레의 깃을 둥글게 만든 것을 관대라고 했다. 중국에서 유행하다가 고려 때 들어왔다고 한다. 직책과 부서에 따라 색깔을 달리 하여 입었는데, 관대의 발음이 변해서 '관디'라고 했다.

요즘에는 양복을 입고 출퇴근하듯 옛날에는 사모관대를 입고 출퇴근했던 것이다. 그만큼 사모관대는 위엄과 권위의 상징이기도 했다. 신분에 따라서 복장까지 엄격하게 규제했던 옛날에는 벼슬아치가 아니면 평생 동안 사모관대를 차려 입지 못했다. 그저 혼례 때 한 번 입어볼 뿐이었다. '사모를 쓴 도둑놈'은 남의 재물을 탐하는 벼슬아치를 욕하는 말이다.

사양
斜陽

[사] 비끼다 · 기울다 [양] 양 · 해 · 햇빛

○ 저녁에 서쪽으로 기우는 태양(또는 햇빛)을 사양斜陽이라고 한다. 비슷한 말들로 사조斜照, 사일斜日, 석양夕陽 등이 있다. 사람마다 사양을 보고 떠오르는 것이 같지 않을 것이다. 그래서인지 사양이 뜻하는 비유적 표현도 여러 가지이다.

사양은 하루 해가 저무는 것이기 때문에 어떤 것이 점차 쇠퇴해가거나 소멸하는 것을 비유한다. 흔히 쓰는 '사양길에 접어들다'라는 말이 그 예이다. 또한 아름다운 저녁 풍경을 대표하기도 한다. 서쪽 하늘에 사양이 비쳐 황혼으로 물든 모습은 멋진 광경이다. 옛날 시에서는 이별 뒤에 잔잔하게 깊어 가는 쓸쓸하고 슬픈 감정을 묘사하면서 사양을 많이 인용했다.

기울어가는 달을 사월斜月이라고 했다. 특히 사월 중 조각달은 예로부터 여인의 아름다운 눈썹을 비유하는 말로 애용되었다.

살풍경

殺風景

[살] 죽이다 · 없애다 [풍] 바람 · 경치 [경] 경치 · 흥취

○ 살풍경을 글자 그대로 풀이하자면 '아름다운 경치를 손상시키다'
이다. '자연의 풍경 따위가 운치가 없고 메마르다' 또는 '아주 보잘
것없는 풍경'을 일컫는 말로 쓰인다. 이로부터 꼭 풍경뿐만 아니라,
한창 흥이 고조되는 장면에서 흥을 깨거나 재미나 풍류가 없는 분
위기를 묘사하는 말로도 쓰인다. 그밖에 살기가 넘치는 광경을 뜻하
기도 한다.

중국 당나라의 시인 이상은李商隱은 '꽃 가득 핀 곳에서 큰 소리로
떠들기, 꽃 보며 눈물 흘리기, 보드라운 이끼 위에 자리 깔고 앉기,
휘영청 늘어진 버드나무 가지 잘라내기, 꽃밭에서 잠방이 말리기,
달빛 아래 등불 들고 다니기, 흥겨운 잔치 자리에서 속세 일 이야기
하기, 산을 등지고 누각 세우기…' 등이 아름다운 풍경을 해치거나
풍류의 분위기를 깨는 대표적 살풍경이라고 소개한 바 있다. 위의
광경을 가만히 상상해 보면 그럴 듯도 하다.

한자어 이야기

삼복

三伏

[삼] 셋 [복] 엎드리다 · 숨다 · 숨기다

○ 삼복은 초복初伏, 중복中伏, 말복末伏 등 '여름철의 가장 더운 시기'를 일컫는 말이다. 왜 '복伏'이라는 명칭이 붙었을까? 복伏에는 '숨다, 엎드리다' 등의 뜻이 있다.

개고기를 즐기는 사람은 복날에 개가 사람을 보고 숨기 때문에 엎드린다는 뜻의 복伏이 붙었을 것이라고 생각할지도 모를 일이다. 하지만 사실 그것과는 아무 관계가 없다.

음양과 오행의 원리를 통해 자연과 우주의 운행을 파악했던 옛날에는 계절의 변화도 그렇게 보았다. 오행에 따르면, 여름은 화火에 해당하고 가을은 금金에 해당한다. 화火의 기운이 맹렬할 때가 더운 여름이고, 금金의 기운이 이를 대신하면서 가을이 온다. 금金이 화火를 대신하기 시작하는 시기가 바로 입추立秋이다. 그런데 60갑자의 천간天干 중에서 '경庚'이 들어간 날이면 맹렬한 화火의 기세가 두려워 금金이 숨었다고 한다.

즉 삼복이란 자연의 순리에 따라 찾아오던 금金의 기운이 화火의 기운에 눌려 숨어버리는 날이라는 말이다.

초복은 하지夏至 이후 세 번째 경庚의 날, 중복은 하지 이후 네 번째 경庚의 날, 말복은 입추立秋 이후 첫 번째 경庚의 날이다. 그래서 삼경三庚이라고도 한다.

삼선

三鮮

〜〜〜〜〜〜〜〜〜〜〜〜〜〜〜〜〜〜〜〜〜〜〜〜〜〜〜〜〜

[삼] 셋 **[선]** 신선하다 · 깨끗하다 · 곱다 · 뚜렷하다

○ 중국 음식점에 가서 차림표를 보면, 흔히 먹는 짜장면, 짬뽕, 우동, 볶음밥 등 다음에 삼선 짜장면, 삼선 짬뽕 등 '삼선'이란 말이 붙은 메뉴들이 다시 이어진다. 가격을 보면 삼선이 붙은 것이 거의 두 배에 가깝다. "도대체 삼선이 뭐지?" 하고 의아했던 경험이 누구에게나 있을 듯하다.

한자로 쓰면 '三鮮'이다. 요리에서 말하는 삼선은 '세 가지 진귀한 재료, 세 가지 신선한 재료' 정도의 뜻이다. 그래서 삼선이 붙은 음식의 가격이 비싸지는 것이다. 그렇다면 세 가지란 무엇무엇일까? 대개 해삼, 새우, 죽순, 버섯, 닭고기 중 세 가지를 사용하는 것이라고 말하지만, 반드시 그런 것은 아니다. 요리사에 따라서, 음식점에 따라서, 지방에 따라서, 재료의 선도에 따라서 삼선의 내용은 천차만별이다. 삼선 요리의 방법과 솜씨에 따라서 음식점과 주방장의 특색이 결정되기도 한다.

생질
甥姪

[생] 생질 [질] 조카

○ 자매의 아들을 생질이라고 한다. '생甥'이란 한 글자에 이 뜻이 오롯이 담겨 있다. 한자를 풀어 보면 자기의 자매가 다른 집안의 남자男와 혼인해서 낳은生 아들이라는 뜻이 된다. 지금은 生+男의 모양으로 쓰지만 왼쪽과 오른쪽을 바꾸어 男+生의 모양으로도 썼었다.

'질姪'은 조카, 즉 자기의 형제자매 또는 아내의 형제자매가 낳은 자녀를 범칭하는 글자이다. 그런데 질姪의 부수가 왜 女일까? 질姪이 원래 고모가 자기의 형제의 자녀를 일컫는 칭호였기 때문이다. 숙부나 백부가 자기 형제의 아들을 일컬을 때는 종자從子라고 하고, 질姪이라고 하지 않았었다. 옛날의 풀이를 보면 '여자가 자기 형제의 아들을 질姪이라고 한다', 즉 '나를 고모라고 부르는 사람을 나는 질姪이라고 한다'고 되어 있다.

나중에는 범위가 축소되어 고모가 형제의 딸을 질姪이라고 하게 되었다. 대부분 용법이 고모가 형제의 딸을 일컫는 데 쓰였다.

지금은 있을 수 없지만, 아주 옛날에는 고모의 아들에게 시집을 간 일이 많다. 그럴 경우 질녀姪女가 며느리가 된다. 질姪의 원래 뜻은 '지至' 즉 친정에서 자기 아들에게 시집왔다는 뜻인데, 여기에 '女'를 붙인 것이라고 보는 설도 있다.

석고대죄

席藁待罪

[석] 자리 · 깔다 [고] 짚 · 마르다 [대] 기다리다 [죄] 죄

○ 사극을 보다 보면 잘못을 저지른 사람에게 "당장 석고대죄하라!" 고 말하는 것을 종종 듣게 된다. 석席은 '깔다', 고藁는 '짚을 엮어 만든 거적'이다. 그래서 석고대죄는 '거적을 깔고 그 위에 엎드려서 처벌을 기다리다'라는 뜻이다.

옛날에는 죄를 지은 사람이 거적을 깔아 놓고 엎드려서 자기의 죄를 실토한 다음 그것에 대한 처벌을 기다리기도 했고, 조사하여 죄가 드러난 사람을 붙잡아 마찬가지로 거적 위에 엎드려 처벌을 기다리게 하던 풍습이 있었다.

자진 신고에 의해서든 탄로에 의해서든 잘못을 저지른 당사자의 입장에서 석고대죄는 반성의 시간을 가지는 좋은 계기였다. 그래서 때로는 석고대죄한 것 자체로도 잘못을 용서받고 새 출발을 하곤 했다. 잘못을 저질러도 어떻게든 빠져나가려는 풍토가 만연된 요즘, 석고대죄의 정신이 새삼 절실히 요구된다.

선동
煽動

[선] 부치다 · 부채질하다 · 부추기다 [동] 움직이다

○ 선동은 '남을 꾀어서 부추기다', '군중의 감정을 부채질하여 일을 일으키게 하고 그 속으로 몰아넣다' 등의 뜻으로 쓰인다.

'선煽'은 '불'을 뜻하는 '火'와 '부채'를 뜻하는 '扇'이 모인 글자이다. 불이 활활 타오르도록 부채질하는 모습이다. '불난 집에 부채질한다'는 속담을 한 글자로 표현하면 '선煽'이 될 수 있겠다.

선동을 잘 하는 사람이 선동가煽動家이고, 선동을 잘 하는 정치가가 '선동 정치가'이다. 흔히 우리 정치의 특징을 들라면 선동 정치라고 한다. 정책이나 공약을 통해서 승부하는 것이 아니라 대중의 감정을 움직여 어느 한편으로 쏠리게 한다. 그 대표적인 예가 지역 감정을 이용하는 것이다.

비리나 부정에 연루되어 투옥된 사람이 정치 보복이라고 주장하며 자기 지역에서 심판을 받겠다고 옥중 출마한다거나, 이권 문제로 항상 대립하는 갑 · 을 지역이 있을 경우, 갑 지역에 가면 갑 지역 주민의 구미에 맞는 연설을 하고, 을 지역에 가면 다시 을 지역 주민의 구미에 맞는 연설을 하며 지지를 얻으려는 행태도 선동 정치와 다를 바 없다.

선영
先塋

[선] 먼저 · 앞서다 · 조상 [영] 무덤

○ 조상의 무덤이 있는 곳을 선영이라고 한다. 선산先山과 같은 말이다. 선영에서 '선先'은 조상을 뜻하고 '영塋'은 무덤, 묘지, 장지를 뜻한다.

한자 영塋은 불 화火 두 개 밑에, 민갓머리冖 밑에, 흙 토土가 있는 모습이다. 얼핏 보고 土를 王이나 玉으로 오인하여 영瑩이라고 쓰는 사람이 많은데, '밝다, 맑다, 아름다운 옥빛'의 뜻을 가진 영瑩과는 전혀 다른 글자이다.

영塋은 씨족이나 일가들이 공동으로 사용하던 묘역墓域을 일컫는 말이다. 원래 영營의 뜻에서 나왔다. 경영經營이란 말에 쓰이는 영營은 원래 '사방 둘레에 둥그렇게 참호 같은 것을 파고 얕은 담 같은 것을 둘러서 묵을 곳을 마련하다'는 뜻이다. 종종 발견되는 원시인의 생활터를 연상하면 된다. 지금도 그 뜻으로 쓰이는 예가 있는데, 참호를 파고 막사를 두른 군대의 생활터를 군영軍營 또는 병영兵營이라고 한다.

사람이 죽으면 살아 있을 때에 함께 모여 살듯 같은 곳에 매장한다는 뜻에서 영塋이라고 했다. 지금은 많이 퇴색했지만, 옛날에는 고향에 들렀을 때 선영을 찾아 인사하는 것이 중요한 행사였다. 선영은 선분先墳 또는 선묘先墓라고도 한다.

섭렵
涉獵

[섭] 건너다 · 겪다 · 거닐다 · 관계하다 [렵] 사냥 · 찾다

○ 섭렵이란 '여러 가지 물건을 구하려고 널리 돌아다니다' 또는 '여러 가지 책을 널리 읽다'라는 뜻이다. 섭涉은 '물 건너다', 렵獵은 '사냥하다'이다. 그러므로 섭렵의 원래 뜻은 '산 넘고 물 건너 이것저것 사냥하러 다니다'인 셈이다.

지금이야 사냥이 완전히 취미나 오락의 하나가 되었지만 옛날에는 중요한 생활수단이었다. 먹고 살기 위해 즉 생존을 위해 사냥을 해야 했다. 칼, 창, 화살 등이 주요 무기였던 시절에는 사냥을 통해서 전쟁 연습을 했다. 물론 오락을 위해 사냥을 하기도 했다. 어떤 왕은 사냥을 너무 좋아한 나머지 짐승만 쫓아다니다가 나라를 잃기도 해서, 왕이 지녀야 할 덕목 중 하나로 사냥을 너무 좋아하지 말라는 것이 있을 정도였다.

생존을 위해서든, 연습을 위해서든, 오락을 위해서든, 요즘의 주요 섭렵 대상 즉 사냥 대상은 동물이 아니라 '책'이 된 셈이다.

성가
聲價

[성] 소리 · 소문 · 명성 [가] 값 · 가치 · 가격

○ 스포츠에서 만인의 관심을 끄는 선수의 활약이 날이 갈수록 빛을 발할 때 '성가를 높인다' 또는 '성가를 제대로 발휘한다'고 말한다. 여기서 성가란 '명성에 걸맞는 값어치'를 말한다. 성聲은 '소리'라는 뜻이다. 이로부터 바람처럼 떠다니는 사람들의 말소리 즉 소문을 뜻하게 되었고, 그중 특히 좋은 소문 즉 명성을 뜻하기도 했다. 가價는 값, 가치, 가격 등의 뜻이다.

사실 소문과 실상은 거리가 먼 경우가 많다. 소문이 실상보다 부풀려진 것이 많기 마련이다. 그런데 항간에 널리 퍼진 명성이 사실로 확인되면 그 사람의 이름값은 더 올라간다. 그래서 '성가를 제대로 발휘한다'고 하면 듣던 명성대로 진정한 값어치를 발휘한다는 말이고, '성가를 높이다'라는 것은 소문과 실상이 딱 맞아 점점 더 좋은 명성이 퍼지게 된다는 말이다.

요즘 운동 선수의 성가는 말 그대로 '값'으로 나타난다. 다름아닌 연봉이다. 대단한 실력을 가졌다고 알려진 운동 선수를 거금을 들여 스카웃했는데 제대로 실력을 발휘하지 못하면 성가가 떨어져 연봉이 깎인다. 반대로 별로 관심을 받지 않고 구단에 입단했다가 점점 실력을 발휘하여 성가가 올라가면 연봉이 올라간다.

성골
聖骨

[성] 성스럽다 · 성인 [골] 뼈 · 됨됨이 · 굳다

○ 요즘 성골이란 말은 특별한 대접을 받는 '고위층 출신이나 자녀' 를 일컫는 일종의 은어처럼 쓰인다. 성골이란 용어는 신라 시대의 골품骨品 제도에서 나온 말이다. 골품 제도란 귀족들의 혈통을 구분 하던 제도이다. 이를테면 부모 양쪽 모두 왕족 혈통일 경우 성골이 라고 했고, 부모 중 어느 한쪽이 왕족이 아닐 경우 진골眞骨이라고 했다.

왕족이니 귀족이니 따지지 않는 오늘날에는 언제 성골이란 표현을 쓸까? 옛날 왕족이나 귀족처럼 특별 대우를 받는 계층, 이를테면 돈 많은 집안이나 고위층의 가족을 지칭하는 경우이다. 성골이라는 말 이 더 이상 쓰이지 않는 사회가 되어야 하지 않을까 한다.

성동격서

聲東擊西

[성] 소리 · 음악 [동] 동쪽 [격] 치다 · 공격하다 [서] 서쪽

○ 바둑이나 장기 등을 좋아하는 사람이면 자주 들어 보았을 말이 성동격서이다. 원래 군대에서 쓰였던 일종의 전술 용어로, '동쪽을 공격한다고 소문을 내고, 실제로는 서쪽을 공격하다'라는 뜻이다. 애당초 노리는 대상은 다른 쪽에 있으면서 엉뚱한 곳을 공격하는 척하여 상대의 혼을 빼는 것이다.

사실 운동 경기에서도 성동격서 전술이 애용된다. 이를테면 축구에서 오른쪽으로 공을 차는 시늉을 하여 상대방을 따돌린 다음 왼쪽으로 차는 것도 성동격서이다. 권투에서 오른손을 내미는 척하여 상대가 방어하려 하는 순간 왼손을 내지르는 것도 성동격서이다.

전쟁에서도, 운동 경기에서도, 바둑이나 장기에서도, 상대방의 성동격서 전술을 알아채서 역으로 이용하고, 이를 알아채서 다시 역으로 이용하고, 이런 과정에 승패가 달려 있다고 해도 과언이 아니다.

그밖에 성동격서는 말이나 동작, 문장 등이 예측할 수 없을 만큼 변화무쌍하게 펼쳐지는 것을 뜻하기도 한다.

성씨
姓氏

[성] 성·겨레·씨족 [씨] 성·씨·각시

○ 족속族屬 간의 구별을 위해서 또는 혈통의 갈래를 나타내기 위해 이름 앞에 붙이는 칭호를 성씨姓氏라고 한다. 그런데 성姓은 무엇이고 씨氏는 무엇일까? 지금은 성과 씨를 구분 없이 쓰지만 원래는 달랐다고 한다.

성씨에 대한 여러 사전의 풀이를 찾아보면 저마다 조금씩 다르다. 우선, 성姓은 모계母系를 기준으로 붙이던 호칭이었고 씨氏는 부계父系를 기준으로 붙이던 호칭이라는 설이 있다. 지금처럼 일부일처제가 아니었던 까마득한 옛날에는 어머니가 누구인지 구분하기 위해 성姓을 사용했고 아버지가 누구인지 구분하기 위해 씨氏를 사용했다는 것이다.

또한 족속族屬 간의 구별을 위하여 붙이는 칭호가 성姓이고, 같은 성姓 중에서 혈통의 갈래를 나타내는 것이 씨氏였다는 설이 있다. 실제로 옛날 사람들에 대한 기록을 보면 '성姓은 ○이고 씨氏는 ○이다'라고 따로 소개한 예가 있다.

또한 성姓은 누구에게나 있지만 씨氏는 아무에게나 붙이지 않았다는 설도 있다. 즉 신분이 천한 사람은 성姓만 있었을 뿐 씨氏는 없었다는 말이다. 그러던 것이 대략 중국의 한漢나라 때 이후 구분 없이 쓰이기 시작했다고 한다.

세습
世襲

[세] 세대 · 세상 · 시대 [습] 엄습하다 · 잇다 · 받다

○ 세습은 '대대로 물려받다'의 뜻이다. 하자 '세世'는 원래 '十(10)'이 세 개 모여 있고 밑에 줄을 그은 모양으로, '30'을 뜻했다. 사람이 태어나 장성하여 결혼하고 자식을 낳아 또 다른 가정을 이루는데 보통 30년 안팎의 세월이 걸린다. 그래서 보통 30년을 한 세대로 보고, 30을 뜻하는 '세世'에 '세대'라는 뜻이 생기게 되었다.

'권력 세습'이라는 말을 종종 듣는다. 말 그대로 '권력을 대대로 물려받다'의 뜻이다. 사실 이는 옛날 왕조 시대에나 있을 수 있는 일이다. 그래서인지 요즘은 세습이란 말이 그다지 좋은 어감을 주지 않는다.

현대에 와서도 권력을 세습하려는 일들이 심심찮게 일어난다. 북한도 권력 세습 때문에 세계의 비난과 빈축을 사기도 했고, 대기업의 경영자들도 물러날 때가 되면 자기의 자녀에게 회사를 그대로 물려주려고 시도하는 경우를 종종 볼 수 있다.

세이

洗耳

[세] 씻다 [이] 귀

○ 세이는 '귀를 씻는다'는 말이다. 얼굴을 씻는다는 세면洗面은 익숙한데, 세이는 별로 들어보지 못했을 것이다. 세이는 보통 두 가지 경우에 쓰인다.

첫째, 상대방의 말을 주의깊게 경청하는 것을 나타낸다. '귀를 씻고 듣는다'는 뜻이다. 둘째, 세상의 명예와 이익을 눈꼽만큼도 바라지 않는 태도를 말한다. 여기에는 전해지는 이야기가 있다. 중국의 아득한 옛날, 가장 성스러운 임금 중의 하나였다고 전해지는 요堯임금 시대의 일이라고 한다. 요임금은 누구에게 자기의 뒤를 이어 천하를 통치하게 하는 것이 좋을까 고민했다. 당시 천하에서 학식과 덕망이 깊고 고고한 절개를 지켜 임금의 자리를 물려받을 인물로 손꼽혔던 사람은 오직 허유許由 한 사람 뿐이었다. 그런데 허유는 세속의 부귀 권세와 지위는 거들떠보지도 않았다. 요임금이 허유를 찾아가 자신의 자리를 물려주겠다고 말하자, 허유는 더러운 소리를 들었다며 시냇물에 귀를 씻고, 가축에게 그 물을 먹이지 않고, 산에 들어가 숨어 살았다고 한다.

소개
紹介

[소] 잇다 · 받다 · 알선하다 [개] 끼이다 · 갑옷 · 소개하다

○ 알다시피 소개란 '모르는 사이를 서로 알도록 관계를 맺어 주다' 또는 '두 사람 사이에 서서 일이 어울리게 하다'의 뜻이다. 중국에서는 글자의 순서를 바꾸어 개소介紹라고 많이 쓴다.

'개介'는 원래 농지나 지역의 경계를 나눈다는 뜻이었다. 분分, 획劃 등과 같은 뜻이었다. 이후 경계 또는 경계를 나눈다는 뜻의 글자로 계界를 썼다. 계界의 모양 자체가 '田+介' 즉 밭의 경계를 나눈다는 말이다. 개介는 두 지역 사이에 끼어 있는 것을 뜻하는데, 이것을 사람의 경우에 쓰면 어떤 중요한 모임을 준비할 때 양쪽을 오가며 말을 전하는 사람을 가리킨다.

소紹는 '이어지다, 연결되다'라는 뜻이다. 사람의 경우에는 '이어받다, 뒤를 잇다' 등의 뜻으로 쓰였다.

중요한 모임을 하려면 신경 쓸 것이 한두 가지가 아니다. 그래서 양쪽을 오가며 양쪽의 입장을 전달하는 개介의 역할이 꼭 필요하다. 일을 성사시키기 위해서 끊임없이 중개자가 뒤를 이어 다닌다는 뜻에서 소개라는 말이 나왔다.

소굴
巢窟

[소]둥지 [굴]굴·움

○ 오늘날 소굴은 별로 안 좋은 뜻으로 쓰인다. 도둑이나 악한들의 본거지를 일컫는 말로 쓰이기 때문이다. 그런데 소굴이 원래부터 그렇게 푸대접 받을 말은 아니었다.

소굴의 원래 뜻은 '새의 둥지와 굴'이다. 인류 역시 집을 따로 짓고 살기 이전에는 나무 위나 굴 속에서 살았다. 나무 위에 엮은 집이 소巢이고, 동굴에 마련한 집이 굴窟이었다. 애초에 소굴은 짐승에게든 사람에게든 그야말로 '집'이요 편안한 보금자리였던 셈이다.

소巢는 '나무木 위에 둥지臼를 짓고 그 위에 새가 세 마리巛 앉아 있는 것을 본뜬 글자'라는 설도 있고, 위의 세 획이 둥지 위로 솟아오른 나뭇가지라는 설도 있지만, 어쨌든 새의 둥지를 그린 것이다. 굴窟은 '동굴, 구멍'을 뜻하는 혈穴에 발음 기호 역할을 하는 굴屈이 더해진 글자이다.

소시
少時

[소] 적다 · 잠시 · 젊다 [시] 때

○ 나이가 든 사람이 자기도 한때는 드날리던 시절이 있었다는 말을 할 경우 "나도 소시적에는 대단했었지."라고 하며, '소시'를 종종 사용한다.

그런데 소시라고 하면 대략 몇 살부터 몇 살까지를 말하는 걸까? 사전에서 찾아보면 '어릴 때'라고 풀이한 것도 있고, '젊을 때'라고 풀이한 것도 있다. 어느 것이 맞을까?

사실은 둘 다 맞는 말이다. 옛날에는 사람의 일생을 유幼 · 소少 · 장壯 · 로老 등의 네 시기로 구분했다. 젖을 떼고 나서 7 · 8세 전후까지를 유幼, 7 · 8세 전후부터 30세 정도까지를 소少라고 했다. 그러니까 소시에 해당하는 범위가 아주 넓다. 그래서 옛날 문헌을 볼 때에는 소시라는 말에 주의해야 한다. 무턱대고 '어릴 때'로 이해하면 말이 통하지 않는 경우가 많기 때문이다.

소시라는 말이 지칭하는 범위가 너무 넓어서 나중에는 이를 다시 소년少年과 청년靑年으로 구분했다.

소요
逍遙

[소] 거닐다 [요] 거닐다

○ 할 일은 산더미처럼 쌓여 있고, 실적은 올려야 하겠고, 끊임없이 이 사람 저 사람 때문에 지치고…. 어쨌든 생활에 지치고 피곤한 사람들이 한결같이 동경하는 것이 '소요'이다.

소요의 뜻은 '이리저리 천천히 거닐다, 자유롭고 한적하게 여기저기 왔다갔다 하다'이다. 여기까지만 보아도 소요의 여유를 누구나 동경할 만하다. 그런데 장자莊子의 말로 인해 소요는 좀 더 깊은 뜻을 가지게 되었다.

《장자莊子》라는 책의 〈내편內篇〉 첫째 장의 제목이 소요유逍遙遊이다. 유명한 대붕大鵬의 이야기로 시작되는 이 장의 요지는 '크고 작음, 영광과 치욕, 삶과 죽음, 장수와 요절 등과 같은 모든 차별의 관념을 초월하여 자연의 천성에 맞게 삶으로써 자유를 얻고 편안해진다'는 것이다. 그로부터 '소요'란 말은 '일체의 구속에서 벗어나서 자유롭고 편안하다, 어떤 외계 사물의 영향도 받지 않고 편안하고 자유로운 자기 세계를 즐기다'라는 뜻으로 쓰인다.

소탈
疏脫

[소] 트이다 · 통하다 · 멀다 · 거칠다 [탈] 벗다 · 면하다 · 거칠다

○ 사람의 성격도 가지각색이지만, 형식과 예절에 구애받지 않고 어디를 가나 잘 어울려서 환영받는 성격은 소탈한 성격이다. 요즘 쓰이는 소탈의 뜻은 '예절이나 형식에 너무 얽매이지 않고 언행이 수수하다, 형식이나 예절을 따짐이 없이 수수하고 털털하다'이다.

한자 소疏의 뜻은 매우 다양하다. 항목의 분류가 상세한 큰 사전에서 소疏의 뜻을 30여 가지로 소개한 것을 보면 예로부터 공부하는 사람들의 애를 꽤나 먹었을 것이다. 그중 제일 먼저 생길 때의 뜻이 '통하다, 트이다'이다.

현재 모양에서는 알아볼 수 없지만, 아기가 나오려고 태가 뚫리고 발이 움직이는 것을 형용하여 소통의 뜻을 나타냈다는 설이 있다.

지금은 긍정적 의미로 쓰이는 소탈이 옛날에는 꼭 그렇지도 않았다. '경솔하다, 소홀하다, 느슨하다' 또는 '죄인을 소홀히 다루어 도망가게 하다' 등의 뜻도 있었다.

수구
首丘

[수] 머리 [구] 언덕

○ 수구는 호사수구狐死首丘의 준말이다. '여우는 죽을 때면 자기가 살던 언덕 쪽으로 머리를 향하고 죽는다'는 뜻이다. 그래서 수구는 '자기의 근본을 잊지 않다' 또는 '고향을 그리워하다'의 뜻으로 쓰인다. 고향을 그리워하는 마음을 수구초심首丘初心이라고 한다.

근본을 잊지 않고 고향을 그리워하는 애틋한 심정을 가진 것이 어찌 꼭 여우만 있을까. 예로부터 애용되던 말로 '둥지를 떠난 새도 날다 지치면 제 둥지로 돌아와 쉰다'든가 '토끼도 죽을 때는 제 굴을 찾는다'든가 하는 말들이 모두 같은 뜻을 가진다.

사실 세상의 만물이 근본을 잊지 않고 고향을 그리워하는 심정은 다를 바 없을 것이다. 그런데 유독 여우의 이야기에서 나온 '수구'라는 말이 상용되는 이유는 꾀많고 교활한 것의 대명사인 여우도 자기의 근본을 잊지 않고 사는데, 하물며 만물의 영장이라는 사람이 그래서야 되겠느냐는 뜻에서이다.

수긍
首肯

[수] 머리 [긍] 옳게 여기다 · 즐기다 · 뼛사이 살

○ '수긍이 가지 않다', '수긍하다' 등의 말을 자주 쓴다. '수긍'을 한자로 쓰면 '首肯'이다. 어떤 의견이나 주장 등에 대해 '고개를 끄덕이다, 옳다고 승낙하다, 맞다고 인정하다'라는 뜻이다.

긍肯은 '옳다고 여기다, 인정하다' 등의 뜻을 가진다. 그런데 긍肯은 원래 '뼛사이 살'을 지칭하는 글자였다. 거의 살을 발라내고 남은 뼈와 큼직한 감자를 함께 넣어 푹푹 삶은 감자탕을 먹는 재미는 긍肯 즉 '뼈 사이에 붙어 있는 고기'를 발라먹는 재미라고도 한다. 언제부터인가 긍肯은 원래 뜻보다는 '옳다고 여기다, 인정하다'의 뜻으로 더 많이 쓰인다. 긍肯이 들어간 다른 예로 부정否定의 반대인 긍정肯定이 있다.

그러니까 어떤 것이 옳다고 인정하는데 말이나 글이나 손짓으로 하는 것이 아니라 고갯짓으로 하는 것을 수긍이라고 한다. 우리의 관습으로 따지자면 수긍의 고갯짓은 고개를 끄덕이는 것이다. 반대로 부정하는 고갯짓은 고개를 가로젓는 것이다. 세계에는 우리와 반대인 부족도 있다고 한다.

수렴
收斂

[수] 거두다 · 정리하다 · 쉬다 [렴] 거두다 · 넣다 · 오므리다

○ 수렴의 뜻은 '거두어들이다'이다. 돈을 추렴하여 모아 거두거나 세금, 곡식 등을 거두어들이는 것이 수렴이다. 수收와 렴斂, 모두 손으로 긁어모으는 것과 관련 있는 글자이다. 여기서 파생된 수렴의 뜻으로 '어느 한 곳에 모으다' 또는 '흐트러지거나 느슨해진 것을 다잡아 단단히 죄다' 등이 있다. 그래서 '방탕한 사람이 정신을 차리다, 몸을 단속하다, 근신하다'의 뜻도 가진다.

좋은 싫든 중고교 학생들에게는 변수 x가 어떤 유한 확정된 수 a에 한없이 가까워진다는 수학 용어의 '수렴'이 떠오를지도 모른다.

화장품의 종류 중 수렴제收斂劑, 또는 수렴 화장수라는 것이 있다. 그런데 수렴제는 원래 의약제를 일컫는 말이었다. 피부 관리를 위한 화장품의 효능이 단순한 치장을 넘어서 수렴의 효과를 얻기에까지 이르렀다는 뜻에서 붙인 이름이다.

의학 용어로 수렴은 '(피부 또는 점막을) 수축시키다'이다. 수렴제는 '피부 또는 점막의 표면에 작용하여 국소의 충혈이나 분비물을 제거하고 조직을 긴축시키는 물질'이다. 간단히 말해서 수렴제는 피부를 매끄럽고 탄력있게 가꾸어 주는 효능이 있다. 그밖에 소염, 지혈, 진통, 방부 작용도 겸한다고 한다.

수미
秀眉

[수] 빼어나다 · 아름답다 · 무성하다 [미] 눈썹

○ 수미란 '뛰어나게 아름다운 눈썹'을 말한다. 예나 지금이나 여인의 아름다움을 결정하는 중요한 요소 중 하나가 눈썹이다. 수많은 종류의 화장품 중에서 눈썹 모양을 그리는 화장품은 필수품이고, 눈썹을 세웠다, 굽혔다, 폈다 하며 매만지는 화장 도구도 필수품이다. 위나 눈썹 모양을 중시하는 탓에, 눈썹이 못생긴 사람은 눈썹 문신까지 새기고, 인조 눈썹이 필수품이 되었을 정도라고 한다.

그런데 눈썹이 꼭 여인의 외모만을 결정하는 것이 아니었다. 남자의 경우도 눈썹이 외모의 중요한 부분 중의 하나이다. 수미도 꼭 여자의 눈썹만을 일컫는 말이 아니었다.

'노인의 하얗게 센 눈썹 중에서 가장 긴 눈썹' 역시 수미라고 한다. 이때의 '수미'는 장수의 상징이다. 영화나 드라마에서 도사 또는 신선으로 나오는 사람의 전형적인 분장을 떠올리면 된다. 수많은 세월과 연륜을 담은 채 부드럽고 완만하게 굽어 길게 늘어진 하얀 눈썹은 사실 어느 눈썹보다 아름답다.

수서양단
首鼠兩端

[수] 머리 [서] 쥐 [량] 둘 [단] 바르다 · 끝 · 실마리

○ '어느 쪽으로도 결정을 짓지 못하고 망설이다, 눈치를 살피고 기회를 엿보며 애매한 태도를 취하다'라는 뜻으로 쓰이는 성어가 수서양단이다.

양단은 '양쪽 경계' 또는 '양쪽 끝'이라는 것을 알겠는데, 수서首鼠라는 말에 대한 풀이 때문에 의견이 분분했다. 한자 뜻 그대로 보자면 수首는 '머리'이고 서鼠는 '쥐'이므로, 쥐가 쥐구멍에 머리를 내밀고 이리저리 살피며 나올까 말까 망설이고 눈치보는 것을 뜻한다는 설이 많이 알려졌다. 약삭빠르고 얄미운 쥐의 모습을 떠올리면 그럴듯도 하다.

그런데 한자의 어순이 서수鼠首가 아니라 수서首鼠인 것이 의아하다. 그리고 수시양단首施兩端으로 쓴 예도 보인다. 그래서 수서首鼠 · 수시首施 모두 주저躊躇와 같은 뜻의 의태어일 뿐이라는 설이 있다. 수서와 주저는 모음이 완전히 같고 자음도 같은 계열이다. 의성어나 의태어는 발음이 비슷한 다른 한자를 쓰는 사례가 흔히 있으므로, 수서의 뜻은 '주저하다, 망설이다'라는 것이다.

어쨌든 수서양단의 뜻이 '어느 쪽으로도 결정을 짓지 못하고 망설이다, 눈치를 살피고 기회를 엿보며 애매한 태도를 취하다'인 것은 변함이 없다.

수성난
守成難

[수] 지키다 [성] 이루다 [난] 어렵다

○ 정치를 하든, 사업을 하든, 그외 무슨 일을 하든, 가슴 깊이 새겨 두어야 할 말이 '수성난'이다. 수성난은 '이루어 놓은 것을 지키기가 어렵다'는 뜻이다. 원래 앞에 창업이創業易라는 말과 함께 쓰이는데, 창업이는 '사업을 시작하기는 쉽다, 나라를 세우기는 쉽다' 등의 뜻 이다. 나라를 세우는 것이 어찌 쉽겠는가마는, 그래도 지키는 것에 비하면 아무것도 아니라는 말이다.

왕이 전쟁터에서 생사의 고비를 넘나들면서 세운 나라가 2세에게 넘겨진 이후 타락과 부패로 쇠망의 길에 접어든 예가 수없이 많고, 갖은 고생 끝에 이룩된 기업이 방만한 경영과 관리 소홀로 인하여 망하는 사례가 한둘이 아니기 때문이다.

중국 당唐나라를 번영의 길에 올려놓은 태종太宗은 휘하의 현신들과 창업創業과 수성守成의 쉽고 어려움에 대한 토론을 나누고, 이후 나 라를 다스리는 사람이 가슴 깊이 새겨야 할 말 중의 하나가 수성난 이라고 하여 경계로 삼았다.

수수방관
袖手傍觀

[수] 소매 [수] 손 [방] 곁·옆·가까이 [관] 보다

○ 수수방관은 '아무 것도 도와주지 않고 옆에서 구경만 하고 있다, 간섭하거나 거들지 않고 그대로 내버려두다'의 뜻으로 쓰인다.

수수방관의 원래 뜻은 '손을 옷 소매에 꽂고袖手, 곁에서 보고만 있다傍觀'이다. 남은 한창 바쁘게 일하고 있는데 옆에서 구경만 하고 있는 사람을 보고 "아니 팔짱 끼고 옆에서 구경만 할 거야?"라고 핀잔하곤 하는데, 이것이 곧 수수방관이다.

요즘 옷은 소매의 폭이 좁지만, 옛날 옷은 소매가 넓었다. 그래서 때로는 손을 넣기도 하고, 각종 물건을 넣기도 했다. 옛날 옷의 소매는 단순한 소매가 아니라, 때로는 장갑이나 손가방처럼 이용되기도 했던 셈이다.

뇌물을 은밀히 전달할 때에도 소매가 유용했다고 한다. 넓은 소매에 넣은 채 상대방의 손을 잡는 척하면서 슬쩍 소매에서 소매로 전해주었다고 한다.

또한 양쪽 소매에 손을 넣고 허리를 약간 구부린 모습이 상대방에 대한 공경을 뜻하기도 했다. 사극에서 왕 앞에 나서는 신하나 궁중을 오가는 하급 관리의 모습을 연상하면 될 것이다.

수염
鬚髥

[수] 수염·턱수염 [염] 구레나룻

○ 수염은 사람의 인상에 갖가지 영향을 끼친다. 온화하고 부드러운 느낌을 주는 할아버지의 수염이 있는가 하면, 쩨쩨하고 얌체같은 느낌을 주는 수염도 있다. 가지런히 정돈되어 고상하고 품위있게 보이는 수염이 있는가 하면, 무성하게 자라나서 야성미 넘치는 수염도 있다. 그런데 지금까지 말한 '수염'은 얼굴의 어느 부분에 난 털을 말하는 것일까?

수염에는 두 가지 의미가 있다. 첫 번째는 '턱수염과 구레나룻'로, 이것이 원래의 뜻이다. 두 번째는 말 그대로 '수염' 즉 장성한 남자의 입가나 턱, 뺨 등에 자란 털을 통칭하는 경우인데, '수鬚' 한 글자만 쓰기도 한다.

원래는 한자 '수須'가 수염을 뜻했다. 글자 모양으로 보아도 머리頁에 털이 난 모양을 그린 것임을 알 수 있다. 그러나 수須가 '모름지기, 필요하다, 쓰다' 등의 뜻으로 더 자주 쓰이자, 털이 길게 자란 모양을 뜻하는 부수 글자 '표彡'를 더해 '鬚'를 만들어 쓰게 되었다.

머리와 얼굴에 자란 털은 부위에 따라 각각 다른 명칭이 있다. 턱수염은 수鬚, 구렛나루는 염髥, 머리카락은 발髮이라고 하고, 살쩍 또는 귀밑머리를 빈鬢이라고 하고, 콧수염을 자髭라고 한다.

수작

酬酌

[수] 잔돌리다 · 갚다 [작] 잔 · 따르다 · 퍼내다

○ 수작을 사전에서 찾아보면 '서로 말을 주고 받다' 또는 '서로 주고 받는 말'이라고 되어 있다. 누구에게 말을 거는 것을 '수작을 건다'고 한다. 그밖에 다른 사람의 말이나 행동을 업신여겨 일컫는 말로도 쓰인다. '수작을 부리다'와 같은 예이다.

그런데 수작의 원래 뜻은 '술잔을 주고받다'이다. 우리의 음주 풍습 중에서 가장 특징적인 것은 서로 술잔을 주고받으며 마시는 것이다. 억지로 술을 권하는 것이 안 좋다, 술잔이 여러 사람의 입에 닿으면 위생상 문제가 있다 등 여러 이유를 들어 잔 돌리는 것을 삼가하자는 운동도 있었지만 여전히 술자리에서는 '주거니 받거니'이다.

반가운 손님이 찾아오면 술을 대접하기 마련이다. 주인이 먼저 손님에게 술잔을 돌리는 것을 '수酬'라고 하고, 손님이 주인한테서 받은 술잔을 도로 돌리는 것을 '작酌'이라고 했다.

술을 마시게 되면 평소에 못하던 말도 하게 되고, 심신이 풀어져 어려운 부탁도 선뜻 들어주게 된다. 그래서 남에게 어려운 부탁을 하기 전에 술을 권하기 마련이다. 이로부터 수작을 부린다는 말이 나오게 되었다.

순방
巡訪

[순] 돌다 [방] 찾다 · 방문하다 · 묻다

○ 대통령의 외국 순방이 종종 이루어지고, 그럴 때마다 순방과 관련된 기사가 뉴스의 첫머리를 장식하곤 한다. 방문訪問이라고 표현하지 않고 순방이라고 표현하는 이유는 무엇일까?

순방이란 '차례로 방문하다'의 뜻이다. 즉 한 나라를 방문하는 것이 아니라 여러 나라를 방문하는 경우에 순방이라고 한다. 여러 나라를 차례로 방문하며 펼치는 외교 활동을 '순방 외교'라고 한다.

순巡은 원래 '다니며 살펴보다, 살펴보러 다니다'를 뜻했다. 옛날에는 '왕이 자기 영토를 돌아보다' 또는 '관리가 자기 관할 구역을 돌아보다'라는 뜻으로 쓰였다. 이러한 뜻으로 지금도 쓰이는 말로 순시巡視, 순찰巡察 등이 있다.

옛날에 천자天子가 몇 년에 한 번씩, 또는 새로 영토를 개척했을 때 제대로 통치되고 있는지 두루 다니면서 시찰하는 것을 순수巡狩 · 巡守, 순행巡幸 · 巡行이라고 했다. 유명한 진흥왕 순수비巡狩碑란 진흥왕의 순수巡狩를 기념하여 세웠던 비석인 셈이다. 어쨌든 요즘 쓰이는 순巡의 뜻은 '여러 곳을 돌다'이다. 하지만 한자권 국가를 방문할 때 순방巡訪이나 순행巡行으로 표현하면 자칫 상대국의 기분을 상하게 할지도 모르니, 주의할 일이다.

승룡
乘龍

[승] 타다 · 곱하다 [룡] 용

○ 승룡이란 '용을 타다, 용에 올라타다'라는 뜻이다. 이 말은 몇 가지 비유적 의미로 쓰인다.

흔히 쓰이는 뜻으로는, 말 그대로 '최적의 기회를 얻다'이다. 용은 깊은 못 속에 잠겨 있다가 폭풍우를 만나면 하늘로 올라간다고 믿었기 때문이다.

중국 전설 상의 왕 황제黃帝가 구리를 캐다가 큰 솥을 주조했다. 솥이 완성되자 용이 큰 수염을 늘어뜨리고 내려와 황제를 맞이했다고 한다. 황제와 황제를 따르는 신하 후궁 등 70여 명이 올라타자 용이 승천하여 신선이 되었다고 한다. 그로부터 승룡은 '승천하다, 신선이 되다'는 뜻으로 쓰이게 되었다.

또 한 가지 이야기는, 전국시대 초楚나라에 가장 뛰어난 인물로 황헌黃憲과 이응李膺, 두 사람이 있었다고 한다. 그런데 두 사람 모두 태위 환언桓焉의 두 딸을 각각 아내로 맞아들였다. 이에 대해 당시 사람들은 환언의 두 딸이 '승룡했다' 즉 '용을 탔다'고 말했다 하여, 이로부터 승룡은 '좋은 사위를 얻다, 최고의 사위를 맞다'는 뜻으로 쓰였다.

시각
視角

[시] 보다 [각] 뿔 · 구석 · 모퉁이

o 어떤 것에 대해 서로 견해가 다를 때 흔히 '시각이 다르다'고 표현한다. 시각을 글자 그대로 풀면 '보는 각도'이다. 각角은 원래 동물의 머리 위에 솟아난 뿔의 모양을 나타낸 글자이다.

우리가 일상적으로 사용하는 말 중에서 원래는 전문 학술 용어에 쓰였는데 차츰 대중화된 말이 많이 있다. 시각이 그렇다.

시각은 원래 물리학 용어였다. 우리가 어떤 물체를 알아보는 것은 그 물체에 반사되는 빛이 눈에 도달하여 시신경이 이를 구분해내는 과정을 통해서이다.

그런데 물체는 반드시 양쪽 끝이 있기 마련이다. 물체의 양쪽 끝에서 눈에 이르는 곳까지 직선을 그으면 뿔 모양이 된다. 그 뿔 모양이 되는 부분의 각도를 '시각'이라고 한다. 간단히 정리하자면 시각이란 '물체의 두 끝에서 눈에 이르는 두 직선이 이루는 각'이다.

우리가 물체의 크기를 알아보는 것은 바로 이 시각에 의해서이다. 즉 큰 물체를 볼 때는 시각이 크게 형성되고, 작은 물체를 볼 때는 시각이 작게 형성된다. 또한 같은 물체라도 다른 방향에서 보면 시각이 다르게 형성되므로 크기가 다르게 보인다. 그래서 어떤 것에 대해 서로 견해가 다를 때 '시각이 다르다'고 하는 것이다.

식언
食言

[식] 먹다 · 지우다 · 현혹케하다 **[언]** 말 · 말하다

○ 식언이란 '한 말을 실행하지 않거나 남과 약속한 것을 지키지 않다', 간단히 말해서 '거짓말을 하다'는 뜻이다. 말을 하고 나서 실행하지 않아, 마치 앞에 했던 말을 모두 먹어치운 것 같다는 뜻에서 나온 말이다.

중국 춘추시대 노魯나라 애공哀公이라는 왕이 곽중郭重이라는 신하를 아주 총애했다. 그런데 곽중은 몸이 비만했다. 당시 노나라의 귀족 맹무백孟武伯이라는 사람은 식언을 많이 하기로 유명했다. 맹무백은 왕에게 총애받는 곽중郭重을 시기하여 "당신은 어째서 그렇게 살이 쪘소?"라고 비아냥거렸다. 이 말을 듣고 있던 애공이 "그동안 당신이 했던 지키지도 않을 말을 내가 다 먹었으니 살이 안 찔 수 있겠소!"라고 했다고 한다.

식지동
食指動

[식] 밥·먹다·음식 [지] 손가락·발가락 [동] 움직이다

○ 식지동은 '식지食指가 움직인다'는 말로, '구미가 당기다, 야심이 생기다'를 비유하는 말이다. 식지는 '둘째 손가락' 즉 '집게 손가락'이다. 먹을 때 주로 사용하는 손가락이라서 식지食指라는 이름을 얻었다.

옛날 중국 초楚나라 사람이 정鄭나라 영공靈公에게 큰 자라를 바쳤다. 자공子公과 자가子家가 영공을 만나러 들어가던 중에 자공의 식지가 저절로 움직였다. 자공은 자가에게 그것을 보여주며 "식지가 움직이면 머지 않아 맛난 것을 먹게 되지."라고 말했다.

영공을 만나러 궁에 들어가니 과연 궁중의 주방에서는 큰 자라를 요리하고 있기에, 두 사람은 마주보며 웃었다. 영공이 까닭을 묻자, 식지가 움직이던 일을 말했다. 영공은 자공을 골탕먹이려고 일부러 자공이 먹을 것을 내오지 못하게 했다. 약이 오른 자공은 주방으로 가서 자라를 요리한 솥에 식지를 담갔다 꺼내 빨아 먹고 가버렸다. 자공의 불손한 태도에 화가 난 영공은 자공을 제거할 마음을 먹었다. 영공도 자기가 무사하지 못할 것을 예감하고, 자가와 함께 먼저 손을 써 영공을 죽였다.

신랄
辛辣

○ '비평이 신랄하다, 신랄한 비판' 등의 예로 쓰이는 '신랄'은 원래 맛을 일컫는 말로, '맛이 매우 맵다'는 뜻이다. 그래서 '수단이 몹시 가혹하다, 모지락스럽다' 등의 뜻으로 쓰인다.

신랄의 신辛과 랄辣은 모두 맵다는 뜻이다. 그런데 서로 어떤 차이가 있을까? 신辛보다 더 매운 맛을 랄辣이라고 한다는 주장도 있고, 옛날 중국의 방언 차이라는 설도 있다. 북방 사람들은 신辛이라고 하고, 남방 사람들은 랄辣이라고 한다는 것이다. 아무래도 후자의 설이 타당한 듯하다.

신랄을 신열辛烈 또는 신열辛熱이라고 표현하기도 한다. 마치 불을 삼켜 입안이 타들어가는 것처럼 맵다는 뜻이다.

입맛을 가지고 세상의 고통을 표현하는 말이 많다. 신고辛苦는 '맵고 쓰다'는 말로 '고되고 괴롭다, 고생하다'라는 뜻이고, 신산辛酸은 '맵고 시다'는 말로, 역시 '고되고 힘들다'는 뜻이다. 그밖에 '힘들다, 고되다'라는 뜻의 간艱이나 난難 등과 함께 쓰여 신간辛艱, 간고艱苦, 간난신고艱難辛苦 등의 말도 있다.

신병
神兵

[신] 귀신 · 신령 · 전신 · 마음 [병] 군사 · 전쟁 · 무기 · 치다

○ 신병이란 '신이 보낸 군사' 즉 '하늘의 뜻을 받아 하늘의 도움을 받으며 전쟁을 수행하는 군대'라는 말이다. 천병天兵이라고도 한다. 옛날에는 '왕의 군대'의 별칭으로 쓰였다. 왕의 직접 지휘 하에 있는 군대 또는 왕을 가장 가까이서 호위하는 군대를 말한다.

신병은 정예 중에서도 최고 정예 부대에 속했다. 그래시 신병은 '신출귀몰하는 전법으로 싸우기 때문에 감히 대적할 수 없는 강한 군대'를 지칭하기도 한다. 병사들 하나하나가 그야말로 일당백이어서 적의 침입으로부터 수도를 방어하거나, 좀처럼 풀리지 않는 지방의 분란을 해결하거나, 반란을 평정하는 역할을 맡았었다. 예나 지금이나 신병이 정권을 잡을 야욕을 품어 정권이 바뀐 예가 많았다.

그밖에 신병은 '신기한 병기, 신비의 무기'를 일컫는 말이기도 하다. 아무도 대적할 자가 없는 보검寶劍이나 한 번 울리면 모든 것을 남김없이 휩쓸어 버리는 비파 같은 것이 있어, 이 신병을 차지하기 위해 천하의 고수가 겨루는 내용을 소재로 한 무협 영화나 소설이 아주 많다.

신수
薪水

[신] 섶나무 · 땔나무 · 장작 [수] 물

○ 신수는 '장작과 물'이다. 밥을 해 먹는 데 꼭 필요한 것들이다. 요즘은 장작으로 밥을 하는 집이 별로 없을테니, 요즘의 경우로 비유하자면 '가스(또는 석유)와 물'인 셈이다. 하루라도 연료가 끊기고 물이 안 나온다면 그 불편함이란 이루 말할 수가 없을 것이다. 그래서 신수는 먹고 사는 데 꼭 필요한 것, 즉 '생활 필수품'을 비유하는 말이다. 그밖에 동사적 의미로 '땔나무를 하고 물을 긷다'는 뜻으로도 쓰였다.

그런데 옛날에 가장 많이 쓰였던 신수의 뜻은 '월급'이란 뜻이었다. 지금도 중국에서는 월급을 신수薪水라고 쓰기도 한다. 먹고 사는 데 꼭 필요한 땔나무와 물을 구하는 데 쓰일 비용이란 뜻에서이다. 또한 기록에 의하면 옛날에는 실제로 관리에게 땔감을 월급으로 준 적도 있다고 한다. 하긴 월급이 돈으로 지급된 역사는 사실 그다지 오래 되지 않는다. 월급을 뜻할 경우 신봉薪俸, 신금薪金, 신자薪資라고도 했는데, 모두 '땔감을 구하는 비용'인 셈이다.

신춘
新春

[신] 새롭다 [춘] 봄

○ 작가 지망생의 최고 등용문인 '신춘문예'나, 신춘 대국 바둑, 신춘 특집 영화, 신춘 특선 등 일상에서 '신춘'이란 말을 참 많이 쓴다. 신춘의 신新과 춘春은 특별히 어려운 한자도 아니고, 누구든지 '새봄'의 뜻이라는 것 쯤은 알 수 있다.

처음에는 아무리 해가 바뀌있다고 해도, 일 닌 중 가장 추운 한겨울의 1월을 왜 신춘이라고 하는지 의아했다. 그리고 정작 봄이 온 3월에는 신춘이라는 말을 별로 쓰지 않는다.

춘春이란 글자는 원래 '艹+屯+日'의 모양이었다. 식물의 싹이 봄이 와서 햇볕을 받아 자라기 시작하는 모양을 본뜬 것이다.

지금은 양력을 사용해서 가장 추운 한겨울에 해가 바뀌지만, 음력에서는 겨울이 끝나고 봄이 오기 시작할 무렵 해가 바뀐다. 그래서 옛날에는 봄의 시작이 곧 새해의 시작이었다. 그래서 신춘 즉 '새 봄'은 새해와 같은 뜻이었다. 지금은 옛날의 관례에 따라서, 비록 봄은 아니지만, 해가 바뀌면 신춘이라고 한다.

실신
失神

[실] 잃다 **[신]** 정신

○ 실신은 '정신을 잃다' 또는 '의식을 잃다'라는 뜻이다. 의학적으로 풀이하자면 급격한 정신적 감동·공포·경악이나 신체적 외상·타격 등에 의해 반사적으로 뇌빈혈이 일어나서 일시적으로 의식을 잃는 현상을 실신이라고 한다. 간단히 말해서, 급격한 정신적·신체적 충격으로 인해 뇌에 혈액 공급 및 순환이 순간적으로 원활하게 이루어지지 않을 경우 실신이 일어난다고 한다.

같은 뜻으로 상신喪神으로도 쓴다.

'실신'으로 똑같이 발음되는 한자 단어로는 '失神', '失身', '失信' 등이 있다. 그다지 어렵지 않은 것 같지만, 失神과 失身을 혼동하는 경우가 의외로 많다. 失身은 '생명을 잃다' 또는 '절조를 잃다'라는 뜻이다. 失神으로 써야 할 상황에 失身으로 쓰면 오해를 일으킬 수도 있으므로 조심해야 한다. 그밖에 失信은 '신용을 잃다'라는 뜻이다.

심복

心腹

○ 심복은 원래 '가슴과 배'를 말한다. 가슴과 배는 심장을 비롯하여 생명을 유지하는 중요한 기관이 모여 있는 곳이다. 그래서 '가장 중요한 곳'을 지칭하는 말로 쓰인다. '상대방의 심복을 공격하다', '심복의 땅을 차지하다' 등과 같은 경우이다.

사람을 가리키기도 한다. 예를 들면 '○○는 △△의 심복이다'라고 하면, '○○는 △△와 아주 친하고 가까운 사람'이라는 뜻이다. 요즘은 심복이 '부하'를 뜻하는 것으로 주로 쓰인다. 이 역시 전적으로 믿고 따르는 없어서는 안 될 부하라는 말이다.

심복에는 또한 '성심, 진심, 충심'이라는 뜻도 있다. '심복을 다 하여 일하다'라고 하면 그저 겉으로 시늉만 내는 것이 아니라 충심으로 정성을 다하여 일한다는 말이다.

심복지환心腹之患은 '잘 낫지 않는 병'을 뜻한다. 심복이 병에 걸리면 함부로 건드리지도 못하고, 따라서 좀처럼 낫기 힘들다는 말이다. 심복지질心腹之疾이라고도 한다.

심장약허

深藏若虛

[심] 깊다 [장] 감추다 [약] ~와 같다 · 만일 [허] 비다

○ 심장약허는 '마치 없는 것처럼 깊이 감추다, 깊이 감추어 두어서 있는 것 같지 않다'라는 뜻이다. '남이 눈치채지 못하게 재물을 깊이 감춘다'는 뜻으로 추측할지도 모르겠다. 물론 그런 뜻으로도 쓰이지만, 원래 이 말이 쓰였던 예에서는 '모든 것을 내보이지 않고 진정한 실력은 감추다, 진정한 실력은 함부로 내보이지 않다'라는 뜻이다.

이를테면, 무술 영화에 하나의 전형적인 줄거리가 있다. 주인공이 원수와 겨루어 거의 죽을 지경에 이르도록 당하고 나서, 실력을 갈고 닦아 다시 원수와 만난다. 주인공은 자신의 내공을 바로 보이지 않고 예전의 솜씨로 싸워, 상대방이 얕보게 만든다. 상대방의 기운이 완전히 빠져갈 무렵, 감추어 두었던 비장의 솜씨를 보여 완전히 제압한다는 줄거리이다. 이것도 심장약허 전법의 하나이다. 미리 자기의 솜씨를 다 보이고 나면 상대방이 이에 대비하기 때문이다.

스포츠에서도 심장약허 전법이 흔히 활용된다. 연습하는 장면을 공개하여 일부러 자기 편의 실력을 감춤으로써 상대편이 방심하게 만드는 것이다.

Chapter 3

한자어 이야기

아류
亞流

[아] 버금 · 다음 · 흉하다 [류] 갈래 · 유파 · 동류

○ 아류는 '서로 비슷한 무리'라는 말이다. 동류同類와 비슷하지만, 폄하하는 의미로 '다 그렇고 그런 부류'를 지칭하는 말로 쓰인다. 또한 '제일류第一流의 다음 가는 사람', '둘째 가는 사람'을 뜻하기도 한다. 이로부터 어떤 학설, 이론, 주의 등을 맹목적으로 따르거나 모방하는 사람을 뜻하기도 한다. 아亞의 뜻이 '버금'이라고 하는데, '버금'이란 '○○의 다음, 최고의 다음'이란 의미이다.

지금은 악惡이 '나쁘다, 흉하다'를 뜻하는 글자이지만, 원래 '아亞'가 '나쁘다, 흉하다'의 뜻을 가졌다. 등이 보기 흉하게 굽은 모양을 형용한 것이다. 원래의 의미가 변천된 하나의 예이다.

아성亞聖이란 말이 있다. 인격과 덕망이 시간과 공간을 초월하여 영원토록 만인의 모범이 될만한 인물을 성인聖人이라고 한다면, 성인 바로 다음가는 인물, 즉 거의 성인에 가까운 인물을 아성이라고 한다. 아부亞父라는 말도 있다. 아버지에 버금가는 사람이라는 뜻으로, 비록 실제 아버지는 아니지만 아버지처럼 자신을 키워 주고 보살펴 주어 따르고 존경하는 분을 일컫는 말이다.

아비규환

阿鼻叫喚

[아] 언덕 · 아첨하다 · 대답 소리 [비] 코 [규] 부르짖다 · 울다 · 외치다 [환] 부르다

○ 아비규환은 쉴새없이 고통을 받아 울부짖는 것을 말할 때 쓰인다. 지진 · 홍수 · 폭발 · 붕괴 등 대형 참사 현장을 표현하는 말로 많이 쓰인다. 아비규환이란 원래 불교에서 말하는 아비지옥阿鼻地獄과 규환지옥叫喚地獄을 말한다.

불교에서는 윤회설을 주장한다. 하지만 생전에 나쁜 일을 하다 죽으면 생명으로 다시 태어나지 못하고 지옥에 떨어진다고 한다. 고통스럽고 처참한 지옥이 여덟 가지라서, 팔대지옥八大地獄이라고 한다. 아비지옥과 규환지옥은 바로 이 팔대지옥에 속한다. 아비지옥은 무간지옥無間地獄이라고도 한다. 끊임없이 고통을 당하는 곳으로, 오역죄伍逆罪, 즉 다섯 가지 큰 죄 중 하나를 범한 자가 가는 곳이라고 한다. 규환지옥은 옥졸獄卒이 아주 심하게 굴어 그 괴로움을 견디지 못하고 울부짖는 지옥이다.

안면
顔面

[안] 얼굴 [면] 낯 · 얼굴 · 앞

○ 안면은 얼굴 또는 낯이다. 그래서 사람의 친분, 명예, 체면, 면목 등을 일컫는 말에서도 많이 쓰인다. '안면이 넓다, 안면 바꾸다' 등이 그 예이다.

한자 뜻을 보면 '안顏'도 '면面'도 얼굴 또는 낯이다. 그러면 둘은 원래 같은 글자였을까?

면面은 원래 얼굴 중에서도 눈 · 코 · 입 등이 자리한 한가운데를 지칭했다. 원래 글자 모양 자체가 콧잔등을 중심으로 얼굴의 중앙을 그린 모양이다. 어느 방향으로 가려면 얼굴이 그쪽으로 향하므로 '향하다'는 동사의 뜻도 가진다.

안顏은 원래 두 눈썹 사이, 즉 미간眉間을 뜻했다는 설도 있고, 머리카락과 눈썹 사이 즉 이마를 뜻했다는 설도 있다. 아주 옛날에 안顏은 이마를 뜻하는 글자로 많이 쓰였다.

그밖에 면面은 얼굴의 부위를 일컫는 말로, 안顏은 얼굴의 상태나 표정을 일컫는 말로 쓰인다. 안색顏色이란 말은 있어도 면색面色이란 말은 잘 쓰지 않는다.

안일
安逸

[안] 편안하다 [일] 달아나다 · 없어지다 · 숨다 · 뛰어나다 · 기뻐하다

○ 안일이란 말은 긍정적 의미인가, 부정적 의미인가? '무사안일無事安逸을 배척하자'는 말을 보면 부정적 의미인 것 같기도 하고, 사전에서 '편안하고 한가롭다'라고 풀이한 것을 보면 긍정적 의미인 것 같기도 하다. 사실 두 경우 모두 쓰인다. 사전에 안일의 뜻으로 '편하게 즐기다, 일하지 않고 놀고 지내다' 등도 실려 있다. 그 이유는 '안安'과 '일逸'의 의미 차이 때문이다.

안安과 일逸은 '편하고 자유롭다'는 뜻에서는 비슷하다. 그런데 어원을 보면 차이가 있다. 안安은 '조용하다, 안정되다'의 뜻이다. 개인 · 사회 환경의 안전安全이나 마음의 평정平靜 등을 뜻한다. 안安의 상대되는 말은 위험하다는 뜻의 '위危'이다.

일逸은 '벗어나다, 달아나다'의 뜻이다. 갖가지 괴롭고 고통스런 환경이나 구속, 속박 등으로부터 벗어나거나 달아나는 것을 뜻한다. 사회의 구속을 벗어나 숨어 사는 사람을 일민逸民이라고 하고, 세속의 경지를 벗어난 흥취를 일흥逸興이라고 한다. 일逸과 상대되는 말은 피로하다, 힘들다, 괴롭다는 뜻의 '로勞'이다. 구속과 속박을 벗어나는 것에 중점이 있기 때문에 일逸에는 방종, 방탕의 뜻도 생기게 되었다.

안족
雁足

[안] 기러기 [족] 발

○ 안족은 '기러기 발'이다. '서신, 편지'의 별칭으로 쓰인다. 소무蘇武와 관련된 고사에서 나온 말이다.

소무는 중국 한漢나라 무제武帝 때 유명한 충신이다. 당시 북방에서 세력이 자라나 한나라와 충돌이 많았던 흉노匈奴 땅에 무제의 사신으로 가게 되었다. 흉노는 소무에게 한으로 돌아가지 말고 함께 일하자고 제의했다. 소무가 이를 거절하자, 흉노는 그를 그대로 억류시켰다. 그러나 소무는 흉노를 끝까지 거부하고, 북해北海라는 궁벽한 곳에서 양을 치는 등 갖은 고생을 다하며 살았다.

그로부터 19년만에 한나라와 흉노는 평화 조약을 맺었다. 한나라의 왕은 이미 소제昭帝로 바뀌어 있었는데, 소무를 돌려달라고 청했다. 그러나 흉노는 소무가 이미 죽었다고 거짓말을 했다. 이를 안 소무는 사람을 통하여, 한에서 온 사신에게 왕이 상림上林이란 곳에 나가 사냥할 때 북쪽에서 날아오는 기러기를 잡으라는 말을 전달하게 했다. 왕이 그 말대로 기러기를 잡아 보니, 기러기 발에 소무가 자기 생존 소식을 알리는 편지가 매어 있었다. 왕은 흉노를 추궁했고 소무는 19년만에 귀국할 수 있었다. 이후 편지를 안족 또는 안백雁帛, 안신雁信이라고도 한다.

안행
雁行

○ 行의 발음은 두 가지이다. '가다, 행하다, 행렬, 길' 등의 뜻이면 '행'으로 읽고, '항렬 · 서열' 등의 뜻일 때는 '항'으로 읽는다.

그래서 안행雁行도 발음이 '안행, 안항' 두 가지이다. 그렇지만 같은 어원에서 나온 말이다. '기러기 행렬'을 뜻할 때는 '안행'이라고 읽는다. 기러기 행렬을 보면 길을 인도하는 대장 격의 기러기가 맨 앞에서, 뒤따르는 기러기들이 양 옆으로 엎어진 V자 모양으로 질서정연하게 날아간다. 그래서 안행은 예로부터 '위계 질서가 분명한 상하관계'를 비유했는데, 특히 그중에서 '서로 자기 위치를 따르며 우애 있는 형제 관계'를 가리키는 말로 쓰였다. 이렇게 특별히 형제를 뜻할 경우에는 '안항'으로 읽는다.

옛날에는 다른 사람과 길을 갈 때도 권장했던 예의범절이 있었다. 윗사람과 함께 갈 때는 완전히 뒤로 처져 따르는 태도로 가야 하고, 형제가 함께 길을 갈 때는 안행, 즉 조금 비스듬히 뒤처져서 가야 하고, 친구와 함께 길을 갈 때는 앞서지도 처지지도 않게 나란히 가는 것이 예의였다.

알선
斡旋

[알] 돌다 [선] 돌다

○ 한자를 보고 첫눈에 '간선'이라고 읽고 넘어가는 사람이 의외로 많다. 하지만 '알선'이라고 읽어야 한다. 사실 옛날에는 '斡'이 '간'으로 발음되어 幹과 같은 글자로 쓰인 적이 있었지만, 지금은 그렇지 않다.

'직장을 알선하다'의 예처럼 '남의 일이 잘 되도록 주선하다'는 뜻이다. 알斡과 선旋은 모두 '돌다'의 뜻이었고, 따라서 알선 역시 원래 '돌다'의 뜻이었다. 결국 주선周旋과 같은 단어인 셈이다.

그밖에 법률 용어로도 쓰인다. 노동법에서는 노동쟁의가 발생한 경우 노사의 쌍방이나 어느 한편의 요청에 따라, 해당 노동위원회의 위원장이 지명한 알선위원이 노사勞使의 중간에서 쌍방의 주장을 확인하고 노동쟁의가 해결되도록 힘쓰는 것을 알선이라고 한다. 형사 관계 법에서는 장물인 줄 알면서 매매를 주선하여 수수료를 받는 행위를 말한다.

암약
暗躍

○ 암약은 원래 암중비약暗中飛躍의 준말이다. 즉 '어둠 속에서 날고 뛰다'의 뜻이다. 이로부터 '비밀리에 맹렬히 활동하다'의 뜻으로 쓰인다. 단어 자체로는 당사자의 놀랍고 비상한 능력을 형용한 말인 셈이다. 그렇지만 아군이 적지에서 암약하면 영웅이고, 적군이 이쪽에서 암약하면 범죄자로 취급 받기 마련이다. 요즘에는 부정적인 뜻으로 많이 쓰인다.

남 모르게 은밀히 다니는 것을 암행暗行이라고 한다. 어쩐지 익숙한 한자어일 것이다. 바로 암행어사暗行御史 때문이다. 조선시대에 관리의 행동을 살피고 백성들의 고통을 조사하기 위해 임금이 파견한 특사가 암행어사이다. 암행어사도 사실 암약을 잘 했던 셈인데, 암약어사暗躍御史라고 하면 어색하다. 요즘 쓰이는 암약의 뜻이 주로 부정적이기 때문이다.

'암暗'은 '어둡다, 밤' 등을 뜻하는 글자이다. 그래서 어둡고 은밀하고 남모르게 진행되는 어떤 것을 형용하는 말에 주로 암暗이 쓰인다. 금방 비가 쏟아질 듯한 시꺼먼 구름을 암운暗雲이라고 한다. 무언가 닥쳐올 듯한 평온하지 못한 형세를 형용할 때 쓴다. 물 속에 잠겨 있어 잘 보이지 않는 암석을 암초暗礁라고 한다. 배가 운행할 때 가장 위험한 존재가 암초이다. 이 역시 잘 드러나지 않는 결정적 방해 요소를 형용하는 말로 쓰인다.

압권
壓卷

[압] 누르다 · 항복시키다 [권] 두루마리 · 말다 · 책 · 권

○ 압권이란 말은 '다른 것을 압도하는 가장 훌륭한 것, 최고'라는 뜻으로 쓰인다. 그런데 어디서 압권이란 말이 나왔을까?

압壓의 원래 뜻은 '무너지다'였다. 담벽이나 건물 등이 무너져 쌓여서 땅을 내리누르는 모양을 본떴다. 이로부터 '누르다'라는 뜻이 파생되었다.

오늘날 주로 책을 세는 단위로 쓰이는 권卷은 원래 '둘둘 말다, 둘둘 말아 놓은 것 즉 두루마리'를 뜻했다. 옛날에는 천이나 종이에 글씨를 쓴 것을 지금의 책처럼 제본하지 않고 둘둘 말아 휴대하고 보관했다. 과거 시험 답안지도 권卷이었다. 수많은 답안지 중에서 가장 우수한 것, 즉 장원으로 급제한 것을 맨 위에 올려놓았다. 그것이 다른 권卷을 내리누르고 있는 형국을 압권이라고 했다. 즉 압권은 '최고로 잘 써서 맨 위에 놓여진 과거 시험 답안지, 장원 급제 답안지'인 셈이다. 이로부터 '으뜸가는 시문, 최고의 것, 가장 뛰어난 것'을 가리키는 말로 쓰이게 되었다.

야사
野史

[야] 들 · 촌스럽다 · 거칠다 · 민간 [사] 역사 · 사관 · 화사하다

○ '야사'라고 하면 뭔가 기이하고 재미있는 이야기 또는 숨겨진 이야기, 때로는 음란한 내용이 담긴 이야기를 떠올리곤 한다. 야사란 '민간에서 편찬한 역사'를 말한다. 정사正史와 상대되는 말이다. 정부 주도하에 역사를 편찬하기 위한 기구를 설치하여 편찬한 역사를 정사라고 한다. 지금의 경우로 가정하자면, 국사편찬위원회에서 편찬한 역사가 정사이고, 그외 개인이나 단체가 편찬한 역사는 야사가 되는 셈이다. 야사는 외사外史, 야승野乘이라고도 한다. 조선시대에 편찬된《대동야승大東野乘》이라는 역사서가 있다는 것을 배운 기억이 있을 것이다.

'정正' 또는 '야野'라는 글자가 주는 어감 때문에 정사는 옳고 좋은 것이고 야사는 바르지 못한 것이라고 오해할 수도 있지만, 꼭 그런 것은 아니다. 오히려 정사가 지나치게 정부의 편에 서서 편찬되어 역사적 가치가 없는 반면, 야사에서 올바른 역사를 알 수 있는 경우도 많다. 애초에 야사의 편찬 목적이 정사에는 누락되었지만 꼭 전할 가치가 있는 숨겨진 이야기를 기록으로 남기기 위한 것이었다. 다만 후대로 갈수록 지나치게 흥미 위주로 서술된 야사가 많아져 원래 의미가 많이 퇴색되었다.

한자어 이야기

야인
野人

[야] 들 · 성밖 · 교외 · 아하다 [인] 사람

○ 야인의 의미는 의외로 아주 많다. 오늘날 주로 쓰이는 뜻은 '시골 사람, 초야에 묻혀서 사는 사람'이다. '야野'의 뜻이 변함에 따라서 야인의 뜻도 다양해졌다.

옛날에는 국가의 경계에 성城을 쌓고, 국가의 경계뿐만 아니라 왕이 거주하며 직접 통치하는 구역, 즉 수도 둘레에도 성을 쌓았다. 지금 서울의 사대문 안을 연상하면 된다. 그 수도를 둘러싼 성 밖 1백 리까지를 '교郊'라고 했다. 교郊의 바깥 지역을 교외郊外라고도 하고 또는 '야野'라고 했다. 지금은 주로 바람 쐬러 또는 놀러 가는 곳으로 연상되는 교외의 어원도 여기에서 나왔다. 한 마디로 야野는 '수도의 성에서 멀리 떨어진 지역'이었다.

관리나 귀족이 아니면 수도의 성 안에서 아무나 살 수 없었던 시절에 야인은 '성 밖에서 사는 사람, 평민'을 뜻했다. 관직에 등용되면 성 안으로 들어가 생활하고, 관직을 그만 두면 다시 성 밖으로 나와야 했다. 그래서 '벼슬하지 않은 사람'을 뜻하기도 했다. 그밖에 '교양과 상식이 없고 예절을 모르는 사람'을 일컫기도 했고, 공부하는 사람들이 스스로를 지칭하는 말로도 썼다.

양도
讓渡

[양] 사양하다 · 양보하다 [도] 건너다 · 건네다 · 지나가다

○ 양도란 '권리, 재산 따위를 남에게 넘겨주다'의 뜻이다. 양여讓與라고도 하며, 남으로부터 넘겨받는다는 뜻의 양수讓受와 상대되는 말이다.

자기가 가지려면 가질 수도 있지만 이를 양보하여 다른 사람에게 주는 것이 양도이다. 그래서 댓가를 받고 팔아넘긴다는 뜻의 매도賣渡와 구별된다.

요즘은 돈을 주고 사고 팔면서도 양도라는 표현을 쓰고, 심지어 강제로 빼앗으면서도 양도라는 표현을 쓰기도 한다. 뜻이 잘못 쓰이고 있는 것이다.

예로부터 가장 위대한 양도의 예로 요堯 · 순舜 임금이 천하를 양도한 것을 손꼽는다. 요 · 순 임금은 전설상 존재했던 중국 고대의 제왕으로, 일찌기 없었던 평화의 시대를 열었다고 한다. 그래서 요즘도 아득한 옛날 또는 평화와 안정의 상징으로 '요순시대'라는 말을 흔히 한다. 요는 당시 가장 현명하고 덕망 있던 순에게, 순도 역시 당시 가장 현명하고 덕망있던 우禹에게 천하를 통치할 대권을 평화적으로 양도했다고 한다. 이처럼 대권을 평화적으로 양도하는 것을 선양禪讓이라고 한다.

양두구육

羊頭狗肉

[양]양 [두]머리 [구]개 [육]고기

○ 워낙 많이 쓰는 말이라서 모르는 사람이 별로 없겠지만, 양두구육이란 말이 새삼스럽게 느껴지는 일들이 심심찮게 일어나곤 한다. 양두구육의 뜻은 '양의 머리를 매달아 놓고 개고기를 팔다'이다. '겉으로는 훌륭하게 내세우나 속은 변변찮다, 선전과 내용이 일치하지 않다'를 뜻하는 성어로 쓰인다.

양고기를 싫어하고 개고기를 좋아하는 사람들은 반대의 뜻으로 이해할지도 모를 일이다. 하지만 이 말은 양고기를 최고로 치던 아득한 옛날에 나온 말이라는 것을 명심해야 한다. 훌륭하다를 뜻하는 '선善'이나 아름답다를 뜻하는 '미美' 등의 글자에 모두 '羊'이 들어 있는 것을 보면 옛날 중국에서는 양고기가 최고였음을 알 수 있다. 원래 '현양두懸羊頭, 매구육賣狗肉' 또는 '괘양두掛羊頭, 매구육賣狗肉'의 준말로, 현懸과 괘掛는 모두 '매달다'의 뜻이다.

이 말도 사실은 시대와 기호에 따라 다르게 쓰이곤 했었다. 우수마육牛首馬肉, 소 머리를 매달아 놓고 말고기를 팔다, 양두마육羊頭馬脯, 양 머리를 매달아 놓고 말고기를 팔다 등이 그 예이다.

양요
洋擾

[양] 큰바다 · 넓다 · 크다 [요] 어지럽다 · 길들이다

○ 중고등학교 국사 시간에 조선 고종 3년(1866년)에 병인양요丙寅洋擾가, 고종 8년(1871년)에 신미양요辛未洋擾가 일어났다는 것을 배우지 않은 사람은 없을 것이다. 두 사건 모두 서양 군함이 강화도에 침입하여 난리를 일으킨 사건이다. 그런데 '양요'를 한글로 써서 무슨 뜻인지 잘 모르는 사람이 많다.

양요를 한자 그대로 풀면 '서양 사람으로 인하여 일어난 난리'이다. 요擾는 '소란하다'의 뜻으로, 소동, 난리 등을 뜻하는 말이다.

우리 생산품이 아닌 외국으로부터 들어온 것을 일컫는 말에 '양洋'을 붙여 쓴다. 그래서 서양식 의복을 양복洋服, 서양식 음식을 양식洋食, 서양 술을 양주洋酒라고 한다. 머나먼 바다를 건너서 왔다는 말이다.

양조
釀造

○ 양조란 '술이나 간장, 초 등을 담그다'라는 뜻이다. 양釀 자체에 '술, 빚다' 등의 뜻이 있다. '유酉'가 들어간 글자는 술이나 발효 식품과 관계있는 것들이다. 술이란 뜻의 주酒가 그렇고, 발효醱酵라는 한자에도 들어 있다. '어떤 사건이나 분위기 또는 감정 등을 자아내다'는 뜻으로 쓰이는 양성釀成이라는 말도 원래의 뜻은 '술이나 장 등을 빚어 만들다'이다.

예전 간장 파동 이후 화학化學 간장 소비량이 대폭 줄어들고 양조 간장을 찾는 사람들이 늘었다고 한다. 화학 간장이란 아주 오랜 기간 동안 발효시켜서 만드는 양조 간장과 달리 화학 약품을 사용해 강제적으로 숙성 과정을 단축시켜서 만드는 간장을 말한다. 원료와 화학 약품이 반응할 때 생성되는 물질이 인체에 유해하다느니 그렇지 않다느니 주장이 엇갈리고 있지만, 어쨌든 억지로 어떤 과정을 단축시켜서 좋은 결과를 얻기란 힘들 것이다.

억하심정
抑何心情

[억] 누르다 · 굽히다 · 발어사 [하] 어찌 [심] 마음 [정] 뜻 · 정 · 본성 · 진심

○ '무슨 억하심정으로 그러는지 모르겠다'라는 말이 있다. 한문식 말투가 일종의 숙어처럼 굳어져 쓰이는 한 예이다. 억하심정이란 '도대체 무슨 심정으로', '그런데 무슨 마음으로 (그러는지 모르겠다)' 등의 뜻을 담은 의문문의 하나이다. '억抑'이란 글자만 없다면 그 뜻을 짐작하기가 그렇게 어렵지는 않다. 사실 억抑이 있어도 뜻이 크게 달라지는 것은 아니다.

억抑은 '도장을 누르다, 도장을 눌러 찍다'를 뜻했던 글자이다. 이 글자의 발음 '억'과 의미 '누르다'가 하나처럼 합해져서 '억누르다'라는 말이 나왔음직하다. 그외 '굽히다, 물러나다, 막다' 등의 뜻이 파생되었다.

그런데 억하심정에서 억抑은 일정한 의미가 없는 발어사이다. 옛날에는 발어사로 더 많이 쓰였다. 의문, 반어, 전환, 선택 등의 어감을 나타내는 발어사로 쓰여, 경우와 상황에 따라서 '그런데, 또한, 게다가, 혹은, 아니면, 도대체' 등을 표현한다.

언감생심
焉敢生心

[언] 어찌 · 조사 [감] 감히 · 과감하다 [생] 나다 · 생기다 · 태어나다 [심] 마음

○ "언감생심이지, 내 앞에서 그런 말을 하다니!" 이런 말을 종종 하기도 하고 듣기도 한다. 여기서 '언감생심'은 무슨 뜻일까? 상투적으로 사용하는 말이라서 그 뜻을 정확히 알지 못해도 의사 소통에는 지장이 없겠지만, 정확하게 알아두면 나쁠 것이 없고 오용 및 남용을 막을 수 있다.

'언감생심'을 한자로 '焉敢生心'이라고 쓴다. 하나의 단어가 아니라 몇 개의 단어로 어루어진 문장, 즉 간단한 한문漢文이다. '언焉'은 다양한 용법으로 쓰이는 조사이다. 맨 앞에 쓰이면 주로 '어찌'란 뜻의 의문사이다. 말의 중간이나 끝에 쓰여 '○○에서'라고 장소를 알리는 뜻으로 쓰이기도 하고, 말의 종결을 나타내기도 한다. '감敢'은 '감히 △△하다'이고, '생심生心'은 말 그대로 '마음을 먹다, 생각을 하다' 정도의 뜻이다.

'그런 마음은 아예 먹지도 말라'든가, '그런 것은 꿈에도 꾸지 말라'는 뜻으로 지금도 쓰이는 한문 관용 어구이다.

여운
餘韻

[여] 남다 · 넉넉하다 · 나머지 [운] 운 · 울림 · 소리 · 운치

○ 여운은 '소리가 끊어진 뒤의 울림' 또는 '뒤까지 남아 들리는 소리'를 말한다. 대표적인 예로, 종소리를 생각하면 된다. 고요한 새벽 또는 깊은 산의 절간에서 종을 치면, 종소리가 오래도록 귓가에 남아 맴돈다. 음악 감상을 즐기는 사람들은 연주 자체보다도 여운을 즐기는 경우가 많다고 한다. 실제로 연주는 끝났지만 그 여운에 깊이 빠져 한동안 좌석에서 일어날 줄 모르곤 한다는 것이다.

이로부터 여운은 여러 비유적 의미로 쓰인다. 우선 '뒤에 남는 운치' 또는 '말로 표현할 수 없는 정취'를 여운이라고 한다. 여운을 따지는 대표적인 것을 들라면 아무래도 시詩일 것이다. 시詩를 즐긴다는 것은 사실 시의 여운을 즐기는 것이라고 해도 과언이 아니다.

또한 여운은 '떠난 이가 남겨 놓은 좋은 영향'을 뜻하기도 한다. 예를 들면 '○○의 여운이 남아 우리가 이렇게 부지런히 노력하게 되었다'와 같이 쓰인다.

요즘에는 '확실하게 언급하진 않았지만 여러 가능성을 내포한 말을 하다'의 뜻으로 '여운을 남기다'라고 한다.

연세
年歲

[년] 해 · 나이 · 익다 [세] 해 · 세월 · 나이 · 목성

○ 연세는 '나이, 연령' 또는 '세월'을 뜻한다. 특히 우리의 관습상 어른의 나이를 묻거나 말할 때 연세 또는 춘추春秋라고 한다. 그밖에 옛날에는 '한 해에 수확한 곡물'을 뜻하기도 했다.

우리의 습관상 '년年'도 '세歲'도 '해'라고 풀이하는데, 모두 1년이란 뜻으로 쓰이기 때문이다. 그런데 둘 다 처음에는 1년을 뜻하는 글자가 아니었다.

년年의 원래 뜻은 '곡식이 익다, 수확하다'이다. '秊'이 원래 모양으로, 사람이 익은 벼를 어깨에 메고 나르는 모습을 본떴다. 계절의 변화가 뚜렷하게 나타나는 지역에서는 곡식을 1년에 한 번 수확하기 때문에 1년이라는 뜻이 생겼다.

세歲는 원래 별이름이었다. 지금의 목성木星을 옛날에 세성歲星이라고 했다. 글자 모양에 창 같은 것이 있는 것으로 보아, 무언가 전쟁과 관계가 있을 법한데, 실제로 옛날에는 세성을 전쟁의 신으로 여겼다. 세성이 위치한 나라를 공격하면 이기지 못할 뿐만 아니라 큰 화가 따른다는 기록도 있었다.

세성 즉 목성은 12년에 태양을 한바퀴 공전한다. 그래서 옛날에는 세성의 공전 주기로 해를 따졌다. 하늘을 12개 지역으로 구분하여 이것을 12개의 차次라고 하고, 차次가 한 차次를 움직이는 기간을 1년으로 정했다. 그로부터 세歲에 1년이란 뜻이 생겼다.

연작
燕雀

[연] 제비 · 잔치 · 편안하다 · 나라이름 [작] 참새

○ 연작은 '제비와 참새'이다. 알다시피 제비와 참새는 아주 작은 까닭에 작은 새를 대표하는 말로 많이 쓰인다. 또한 속되고 천박한 사람, 지위가 낮은 사람, 도량과 식견이 좁은 사람 등을 비유하는 말로도 많이 쓰인다.

그밖에 연작은 다른 한자와 함께 어울려 많은 성이 만들어졌다. 연작지견燕雀之見 하면 '제비와 참새의 식견'이란 말로, 천박하고 좁은 식견을 비유한 말이다. 조금 길긴 하지만 '연작안지홍곡지지燕雀安知鴻鵠志'라는 말이 있다. '제비와 참새가 어찌 큰기러기와 고니의 뜻을 알리오?'라는 뜻으로, '참새가 대붕의 뜻을 어찌 알리오?'라는 속담과 같은 말이다. 소인들은 원대한 포부를 지향하는 사람의 참뜻을 알 수 없다는 말이다.

새로 집을 지은 것을 축하할 때 연작상하燕雀相賀라고 한다. '제비와 참새가 서로 축하한다'는 말인데, 새로 집을 지었으니 제비와 참새도 마찬가지로 새 집을 지을 수 있게 되었기 때문이다.

영감
令監

[령] 하여금 · 시키다 · 훌륭하다 · 아름답다 [감] 보다 · 감찰 · 감옥 · 거울

○ 오늘날 남자 노인을 높여서 일컫거나 나이가 든 내외간에 아내가 남편을 높여서 말할 때 '영감'이라는 말을 쓴다. 노인을 높여서 부르는 말이라는 것에 조금 의아해할 지도 모르겠다. '영감쟁이'와 같은 말처럼 영감 뒤에 다른 말이 붙어서 노인을 욕하는 말이 되기도 하기 때문이다.

원래 영감은 옛날 정삼품正三品 · 종이품從二品 관리를 일컫는 대명사였다. 그 이상의 고위직 관리는 대감大監이라고 했다. 즉 영감은 대감 다음 급수의 고위직 관리를 일컫는 말이었다.

요즘에도 이제 막 고등고시에 합격한 사람을 영감이라고 부른다. 나이와 상관없이 지체 높은 사람을 부를 때 영감이라고 하던 관습이 아직도 그대로 남아 있는 것이다.

영감이라는 말에서 '령令'은 '아름답다, 훌륭하다'의 뜻이다. 상대방에 대한 경칭으로 쓴다. 남의 딸을 영애令愛라고 하거나 남의 아들을 영식令息이라고 할 때의 령令과 같다.

영수
領袖

[령] 목·옷깃·다스리다·거느리다·받다 [수] 소매·소매에 넣다

○ 영수의 원래 뜻은 '옷깃과 소매'이다. 요즘은 '어느 무리나 단체 또는 국가의 우두머리'를 뜻하는 말로 쓰이고 있다. 예를 들면 '여야 영수 회담'이니 '각 나라의 영수가 한 자리에 모이다' 등과 같은 경우이다.

'령領'은 옷깃 즉 옷의 목 둘레 부분이고, '수袖'는 소매이다. 예나 지금이나 옷을 만들 때 디자인에 가장 신경을 쓰는 부분이 영수이고, 옷을 집어들 때 손에 가장 많이 닿는 부분이 영수이다. 그만큼 영수는 중요하고 사람의 눈에 가장 잘 띄는 곳이다. 이로부터 여러 사람 중에서 의표儀表가 되는 사람이나 우두머리 또는 두목을 일컫는 말로 쓰이게 되었다. 수령首領이란 말도 이와 마찬가지이다.

령領에는 그밖에 '받다, 다스리다' 등의 뜻도 있어서, 영수領受·領收는 '받다', 영유領有는 '점령하여 소유하다', 영해領海는 '그 나라의 통치권 하에 있는 바다', 영토領土는 '한 나라의 주권을 행사할 수 있는 지역'을 뜻한다.

영욕
榮辱

[영] 꽃피다 · 성하다 · 영화 · 광명 [욕] 욕(보이다) · 치욕 · 더럽히다

○ 영욕이란 영화榮華와 치욕恥辱, 영예榮譽와 수치羞恥를 말한다.
흔히 온갖 풍상과 우여곡절을 거치며 살아온 어떤 인물의 생애를 '영욕의 세월'이라고 표현한다. 그래서인지 인물의 일생을 다룬 드라마나 책의 홍보문구에서 영욕이라는 단어가 자주 쓰이곤 한다.
한자 영榮의 뜻을 흔히 영화榮華라고 한다. 영화는 '초목의 꽃이 활짝 피다, 초목이 무성하다'의 뜻이다. 풀의 꽃을 영榮이라고 하고, 나무의 꽃을 화華라고 했다. 사람의 일생에 비유될 때 영화는 '몸이 귀하게 되고 이름이 나다'를 뜻한다.
영화를 누리고 싶지 않은 사람이 있을까마는, 영화를 추구할수록 치욕과 수치를 당하는 일도 많다. 그래서 영榮과 욕辱은 종이 한 장 차이라고도 한다.
때로는 사람들이 말하는 영화를 누리는 것 자체가 치욕이 되기도 한다. 예로부터 혼란하고 어지러운 시절에 고관대작의 지위에 오르면 일신은 영화를 누리지만 후손에게는 치욕을 남기는 것이라고 하여 사양한 예가 많았다.
영욕은 항상 붙어다니는 것이다. 그래서 영화도 치욕도 겪지 않은 가장 평범한 삶이 어쩌면 가장 위대한 삶일지도 모른다.

영웅
英雄

[영] 꽃부리 · 아름답다 · 뛰어나다 [웅] 수컷 · 이기다 · 우수하다

○ '재능과 지혜가 뛰어나 대중을 영도하고 세상을 이끌어갈 만한 사람'을 영웅이라고 한다. 한 글자씩 놓고 보면, '영英'과 '웅雄'은 그 의미가 조금 달랐었다.

영英은 원래 '열매를 맺지 않는 꽃'을 뜻했다. 꽃은 식물에서 가장 아름다운 부분이다. 그래서 나중에는 사물의 정화精華를 비유하는 데 영英을 썼다. 이를테면, 질이 가장 좋은 철을 철영鐵英이라고 했다. 그리고 사람 중의 정화 즉 걸출한 인물을 영英이라고 했다. 영재英才라는 말도 한 예이다.

웅雄은 새의 수놈이다. 암놈은 '자雌'라고 한다. 새는 수놈이 깃털도 화려하고 힘이 세어 암놈이 수놈에게 굴복했기 때문에, 우열을 비교하는 데 '자웅雌雄을 겨루다'라는 말을 썼다. 역시 같은 무리에서 출중하여 지도적 역할을 하는 인물, 국가 등을 가리켰다.

사람을 일컫는 경우에 영英과 웅雄은 모두 출중한 사람을 나타낸다. 다른 점이 있다면, 영英은 주로 지혜와 재능이 뛰어나거나 자태가 훌륭한 것을, 웅雄은 주로 강건하고 힘이 있어 상대방을 굴복시킬 만한 점을 나타낸다.

영합
迎合

[영] 맞이하다 · 마중하다 [합] 합하다 · 만나다 · 모이다

○ 남의 비위를 맞춘다는 뜻이다. 상대방이 어떤 의견을 내건, 어떤 질문을 하건, 자기의 주관과는 상관없이, 마치 반가운 손님을 맞이하듯 상대방의 의견을 받아들이고 비위를 맞춘다는 말에서 나왔다. 옛날 중국 제齊나라에 추기鄒忌라는 사람이 있었다. 비파를 잘 탔고, 키도 훤칠하고, 얼굴도 잘 생겨서, 그야말로 멋쟁이 남자였다. 아름다운 음악은 사람을 매료시키는 법이라, 추기도 비파 연주로 왕의 환심을 사서 벼슬 자리를 받았다. 어느 날 출근 준비를 하면서 거울을 보다가 아내에게 물었다. "나하고 서공徐公을 비교하면 누가 더 잘 생겼소?" 서공은 당시 최고 미남으로 유명한 사람이었다. 아내는 "당신이 훨씬 잘 생겼지요. 서공이 어떻게 당신과 견줄 수 있겠어요?"라고 대답했다. 이번에는 첩에게 물으니 첩 역시 "서공이 어떻게 당신을 따라갈 수 있겠어요?"라고 대답했다. 그 다음 찾아온 손님에게 물어보니, 손님도 "서공이 훨씬 못 미칩니다."라고 대답했다. 후에 서공이 추기의 집에 찾아왔는데 가만히 살펴보니, 자기가 서공보다 훨씬 못했다.

이에 추기는 무언가 바라는 것이 있는 사람은 영합하지 않는 경우가 없으니 이를 조심해야 한다는 이치를 왕에게 말하여, 제나라가 부강하게 되었다.

예우
禮遇

[례] 예·예도·예절·예물 [우] 만나다·대접하다

○ 예우란 '예로써 대접하다, 정중히 맞다' 또는 '예의를 갖추어 대우하다'의 뜻이다. 중요한 손님이 왔을 때, 또는 덕망있고 존경스런 사람을 만났을 때 예를 갖추어 맞거나 대접하는 것을 뜻한다. 예우라고도 한다.

언제부턴가 우리 사회에서 예우라는 말이 형평衡平을 무시하고 사법처리 등을 하지 않는, 마치 특별 대우와 같은 말처럼 쓰이게 되었다. 이를테면, 전직 고위 관리를 예우한다는 '전관예우前官禮遇'가 그렇고, '전직 대통령 예우'라는 것이 그렇다.

'례禮'라는 글자의 어원을 보면 아득한 옛날 사회의 최대 행사였던 제사를 지낼 때 제기祭器를 늘어놓는 방법을 형용한 것에서 나왔다고 한다. 제사를 지낼 때 제기를 놓는 방법이나 제사의 순서 등에 엄정한 격식이 있다. 이로부터 사람이 세상을 살아갈 때 지켜야 할 도덕, 규범 등을 뜻하는 말이 되었다.

그렇게 보자면, 예우를 받아야 할 사람은 단지 전직 고위 관리나 전직 대통령이 아니라 모든 사람인 셈이다. 사람이 사람을 대할 때 사람으로서의 도리를 다하는 것이 예우이다.

오두미
五斗米

[오] 다섯 [두] 말 [미] 쌀

● 오두미五斗米의 글자 그대로의 뜻은 '쌀 다섯 말'이다. 이 말은 예로부터 '얼마 안 되는 봉급'을 가리키는 별칭으로 쓰였다.

옛날에 벼슬길에 올라 지방 현령으로 근무하게 되면 받는 봉급이 오두미, 즉 쌀 다섯 말 정도였다고 한다. 지금의 물가 수준으로 따져도 그리 많은 편이 못된다.

예전에 과거 시험을 준비하던 사람들의 최대 목표는 관리가 되어 백성을 돌보고, 나라를 위하여 능력껏 봉사하는 것이었다. 그런데 온갖 노력과 고생 끝에 관리가 되어도 받는 봉급은 오두미요, 게다가 온갖 부정과 비리로 얼룩진 세상을 보게 되어 심한 절망과 좌절을 맛보았다. 그래서 '오두미 받으려고 허리 굽혀가며 사느니, 차라리 초야에 묻혀서 살겠다'며 귀향한 사람이 많았다.

그러고보니 예나 지금이나 마찬가지인 것 같다. 지금도 근무하면서 '내가 그깟 월급 몇 푼 받으려고 이러느니 차라리…' 하며 살아가는 사람이 많기 때문이다.

오점
汚點

[오] 더럽다 · 괴어 있는 물 [점] 점 · 조금 · 약간

○ 오점汚點은 '더러워진 곳, 나쁜 점, 흠' 등을 뜻한다. 전체적으로는 깨끗한데 그중 어느 한 곳에 묻은 때를 오점이라고 한다. 그래서 오점은 유달리 남의 눈에 띄기 쉽다. 희고 깨끗하게 빨아 다려 입은 와이셔츠 자락에 고추장이나 김치 국물이 조금만 튀어도 남의 눈에 금방 띄기 마련이다.

원래 '오汚'는 '괴어 있는 물'의 뜻이다. '흐르는 물은 썩지 않는다' 는 속담이 있다. 이와 반대로 흐르지 않고 괴어 있는 물은 자꾸 더러워진다. 그래서 오汚에 '더럽다'는 뜻이 생겼다.

와이셔츠 자락에 생긴 오점은 차라리 낫다고 할 수 있다. '역사歷史의 오점'이나 '경제 발전의 오점'처럼 되돌릴 수 없거나 수많은 사람들에게 고통, 상처를 남기는 오점도 있다.

오지
奧地

[오] 아랫목 · 그윽하다 · 깊숙하다 [지] 땅

○ 가끔 '△△탐험대가 오지 탐험에 성공하고 돌아오다', '세계의 오지 ○○를 가다' 라는 제목의 기사를 접하곤 한다. 오지란 '해안이나 도시에서 멀리 떨어진 대륙 내부의 땅', '깊숙한 땅', 그래서 '인간의 발길이 거의 닿지 않은 땅'을 말한다.

'오奧'는 옛날 가옥 구조에서 방의 서남쪽 구석을 지칭했던 글자이다. 그 집에서 가장 깊숙한 곳을 오奧라고 했던 셈이다. 제사를 지낼 때 신주를 이 곳에 모셨고 좌중에서 가장 높은 사람 또는 연장자가 자리잡는 곳이었다. 이로부터 奧에는 '깊숙하다, 구석지다' 등의 뜻이 생겼다. 또 여기서 어떤 말이나 시문詩文이 아주 깊은 뜻을 담고 있음을 뜻하는 '그윽하다, 오묘奧妙하다, 심오深奧하다' 등의 뜻도 생겼다.

옥순
玉筍

[옥]옥 [순]죽순

○ 옥순은 죽순竹筍의 또다른 이름이다. 죽순은 맑은 상아 빛깔에, 사각사각 씹히는 맛에, 고소하고 특이한 향이 우러나와서 음식의 감칠맛을 더해주기 때문에 고급 식재료로 애용된다. 게다가 땅 위로 봉긋하게 올라오는 죽순의 모양 또한 깜찍하다. 이처럼 쓰임새 많고 빛깔이 맑고 생김새도 깜찍하여 붙은 미칭이 옥순이다. 그밖에 옥순은 다른 여러 가지 비유적 의미로 많이 사용된다.

첫째, 어떤 훌륭한 스승 밑에서 배출된 많은 인재를 비유한다. 우후죽순雨後竹筍이란 성어에서도 알 수 있듯이, 죽순은 비가 오면 여기저기 솟아나와 잘 자란다. 비 온 뒤 죽순처럼 많은 인재를 가리킨다.

둘째, 미인의 손가락을 비유한다. 예전엔 소매가 길어서 여인의 손가락이 잘 드러나지 않았는데, 물건을 들거나 악기를 탈 때면 소매 끝으로 살짝 드러나는 여인의 희고 가냘픈 손가락이 옥으로 된 죽순 같다고 했다.

셋째, 여인의 작은 발을 일컫기도 한다. 갸름하면서도 약간 길쭉한 여인의 발 또한 죽순의 모양을 닮았기 때문이다.

산봉우리를 비유하기도 한다. 산행을 즐기는 사람이라면 뾰족하고 아담하게 솟아올라 옥순봉玉筍峰이란 이름이 붙은 많은 봉우리를 만나보았을 것이다.

온상
溫床

[온] 익히다 · 따뜻하다 · 부드럽다 [상] 평상 · 침대 · 마루

○ '범죄의 온상'이니 '타락의 온상'이니 하는 말을 많이 듣는다. 여기서 온상이란 '어떤 현상이 발생하기 쉽거나 발생을 조장시키는 환경'을 뜻한다. 앞의 예에서처럼 주로 부정적 의미로 쓰인다.

그런데 원래 온상이란 식물의 모를 키우기 위한 설비를 일컫는 말이다. '상床'의 원래 글자는 '牀'으로, '평상, 침대, 마루' 등을 뜻한다. 온상은 평상 모양으로 만들어 전열이나 밑에 깔은 퇴비 등의 발효열에 의해 모판을 덥게 하여 식물의 모가 싹이 터서 빨리 자라게 하는 설비이다.

온실溫室과 비슷한데, 광선, 온도, 습도 등을 조절하여 각종 식물을 자유롭게 재배할 수 있게 만든 온실보다는 간단하고 일시적인 설비이다. 식물원 같은 곳에서 열대 식물을 키우는 온실 안에 들어가면 바깥보다 덥고 습기가 많은 것을 느낄 수 있다. 이런 곳에서는 식물이든 세균이든 빠르고 왕성하게 자라기 마련이다.

와룡
臥龍

[와] 눕다 · 쉬다 [룡] 용

○ 말 그대로 '누워 있는 용'이라는 말이다. 이는 '초야에 숨어서 세상에 알려지지 않은 인물' 또는 '남다른 능력을 지니고 때를 기다리는 장차 크게 될 영재'를 일컫는 말이다. '용' 하면 떠오르는 모습이 여의주를 입에 물고 승천하는 모습이다. 그런데 용은 강한 비구름을 만나야 승천할 수 있다고 한다. 아직 비구름을 만나지 못해서 누워 있는 용이 바로 와룡이다. '복룡伏龍'이라고도 한다.

같은 의미의 말로 봉추鳳雛가 있다. 봉추는 '봉의 새끼'라는 말로, 역시 아직 세상에 두각을 나타내지 않았지만 미래가 유망한 영재를 가리킨다. 소설 《삼국지》에서 신출귀몰하는 지략과 충성심으로 많은 독자의 사랑을 받는 제갈량諸葛亮과 방통龐統의 별명이 와룡과 봉추였다.

유비劉備가 자신을 보좌할 인재를 갈망했던 시절, 사마덕조司馬德操라는 학자를 찾아가 도움을 청했다. 사마덕조가 말했다. "저같이 책만 읽는 한갓 유생 따위가 어찌 세상 일을 안다고 할 수 있겠습니까? 그런 일은 절세의 호걸을 구해야 합니다. 이 근처에 와룡과 봉추라고 할만한 인물이 있으니, 바로 제갈량과 방통이랍니다. 둘 중하나를 얻으면 천하를 논할 수 있습니다." 그리하여 유비는 제갈량을 휘하에 두기 위해 유명한 삼고초려三顧草廬를 감행했다.

한자어 이야기

와중
渦中

O '혼란의 와중에 휩싸이다', '전란의 와중에 뛰어들다' 등등 와중
이란 말이 참 많이 쓰인다. 한자어의 경우에 흔히 있는 일이지만, 와
중 역시 의미를 잘 모른 채 습관적으로 사용하는 사람들이 의외로
많다.

와渦는 '소용돌이' 또는 '소용돌이치다'이고, 중中은 알다시피 '속,
가운데'이다. 그래서 와중은 '소용돌이 속, 소용돌이치며 세차게 흐
르는 물의 가운데'이다.

결국 와중에 휩싸인다는 말은 소용돌이 속에 휩싸인다는 말이고, 와
중에 뛰어든다는 말은 소용돌이 속에 뛰어든다는 말이다. 여기서 와
중은 '분란한 사건의 가운데', '복잡하고 시끄러운 사건의 가운데',
'몹시 위험한 상황' 등을 비유하는 말로 쓰인다는 것을 알 수 있다.

무더운 여름에 급류 타기라는 것이 인기를 끈다고 한다. 세차게 소
용돌이치며 흐르는 계곡의 한가운데 뛰어들어 물결에 휩쓸려 내려
가다 보면 긴장과 흥분을 느끼는 가운데 더위가 싹 가신다. 따지고
보면 급류 타기는 제발로 와중에 뛰어드는 것이다.

와해
瓦解

[와] 기와 **[해]** 풀다 · 흩어지다

○ 글자 그대로 와해의 뜻은 '기와가 깨져 조각이 흩어지다'이다. 이 말은 '철저히 붕괴되다, 모조리 무너지다' 또는 '무리가 뿔뿔이 흩어지다' 등의 뜻으로 쓰인다. 기와가 떨어져 깨지는 모습을 연상해보면 쉽게 짐작이 간다. 우산雲散, 구름이 흩어지다, 빙소氷銷, 얼음이 녹다, 토붕土崩, 흙이 무너지다 등 한자 단어와 결합하여 위와 같은 뜻의 성어로 많이 쓰인다.

와합瓦合이란 말도 있다. '깨진 기와 조각을 모아 맞추다'라는 말로, '억지로 끌어모으다'를 뜻한다.

흙을 구워 만드는 것으로 기와, 도기, 자기 등이 있는데, 그중 기와가 가장 흔하고, 값도 싸다. 그래서 기와는 하찮은 것, 별로 좋지 않은 것을 비유하는 말에도 많이 쓰였다. 이를테면 와력瓦礫은 '기와와 자갈'이란 말로, '쓸모없고 하찮은 것'을 말한다. 기와를 굽는 굴을 와요瓦窯라고 한다. 요즘에는 있을 수 없는 일이겠지만, 아들을 선호했던 옛날에 딸만 낳는 여자를 조롱하여 와요瓦窯라고 했다.

외설
猥藝

~~~
[외] 외람되다 · 버릇없다 · 함부로 · 더럽다 [설] 속옷 · 평상복 · 더럽다 · 버릇없다
~~~

○ 요즘 쓰이는 외설의 뜻은 '남녀 간의 난잡하고 부정한 성행위' 또는 '남의 색정을 자극하여 도발시키거나 자기의 색정을 외부에 나타내려고 하는 추악한 행위'를 말한다.

외猥의 원래 뜻은 '외람되다, 버릇없다'이다. 옛날 사람들은 비록 주제넘은 것 같지만 자기의 의견을 말하겠다는 겸어로 글의 첫머리에 외猥를 썼다. 설藝의 원래 뜻은 '속옷, 평상복, 잠옷'이다. 글자 모양을 보면 옷과 관계있는 글자임을 알 수 있다.

원래의 뜻으로 보자면 외설은 '아무데서나 함부로 속옷을 내놓고 다니다' 또는 '집에서 입는 옷을 입고 밖을 나다니다'인 셈이다. 그래서 '지나치게 버릇없다'는 뜻으로도 쓰였다. 그러나 원래 의미와 달리 요즘에는 속옷을 보이는 정도가 외설도 아닌 세상이 되었다.

요기
療飢

〰〰〰〰〰〰〰〰〰〰〰〰〰〰〰〰〰〰〰〰〰

[료] 치료하다 · 병을 고치다 **[기]** 주리다

○ 퇴근길을 나서면서 "우리 어디 가서 요기나 좀 하고 갈까?"라는 말에 동료들과 몰려갔던 것이 요기를 넘어서 밤새 술자리로 이어졌던 경험이 직장인이라면 한 번쯤은 있을 것이다.

요기를 직역해서 풀자면 '배고픔을 치료하다'이다. 말 그대로 '시장기를 면할 만큼 조금 먹다, 조금 먹어서 시장기를 가라앉히다'라는 뜻이다. 배가 고픈 것을 마치 일종의 병처럼 간주하여 만들어진 해학적인 표현이다.

하긴 식욕은 인간의 기본 욕망 중의 하나이니, 배가 고픈 것도 병이 될 만하다. 더구나 출근 시간부터 점심까지는 시간이 짧고, 점심부터 퇴근 시간까지는 꽤 길기 때문에, 퇴근 무렵이면 너 나 할 것 없이 배가 너무 고프다. 혹자는 좀 과장해서 집에 돌아갈 기운도 없다고 한다. 그래서 시작된 요기에 한 잔, 두 잔 반주가 곁들여지다 보면, 결국 요기를 넘어서 밤을 새는 술자리가 되고 만다. 말 그대로 요기는 요기에서 끝내고 귀가하여 가족에게 점수 따는 날도 좀 있어야겠다.

요동시
遼東豕

~~~~~~

[료] 지명 **[동]** 동쪽 **[시]** 돼지

○ 요동遼東은 지명으로, 요동시는 '요동 지방의 돼지'이다. 이 말은 '식견이 좁은 사람'의 대명사로, 또는 '식견이 좁아서 처음 보는 것이면 무엇이든 신기하게 여기다'의 뜻으로 쓰인다.

중국 한漢나라 때 팽총彭寵이란 사람이 있었다. 용맹하고 유능하여 많은 공을 세웠지만, 자기 공을 지나치게 과시하려 하는 것이 흠이었다. 한 번은 전쟁에서 군비 수송 책임을 맡아 무사히 임무를 완수했는데, 황제가 상을 내리지 않자 자기 공을 알아주지 않는다며 불만이 쌓였다. 이를 전해 들은 주부朱浮란 사람이 그에게 쓴 편지에서 요동시 이야기를 들어 그를 질책했다.

요동에 평생 마을 밖을 나서본 적이 없는 농부가 있었다. 그런데 돼지가 머리가 흰 새끼 돼지를 낳았다. 농부는 이 희귀한 돼지를 황제에게 바치면 큰 상을 내릴지도 모른다고 생각하여, 그 새끼 돼지를 안고 왕궁을 향했다. 그러나 요동을 벗어나 보니 주위에 온통 머리가 흰 돼지가 보였다. 농부는 그 길로 당장 집으로 돌아갔다고 한다.

요조
窈窕

[요] 그윽하다 · 얌전하다 · 어둡다 [조] 으슥하다 · 조용하다 · 아늑하다

o '요조' 하면 자동적으로 '숙녀淑女'가 떠오른다. 흔히 둘을 붙여서 한 단어처럼 쓰기 때문이다. 요조는 여인의 모습을 표현한 말로, '행동이 얌전하고 조용하다' 또는 '정숙하고 아름답다'는 뜻이다. 일설에는 여인의 아름다운 마음을 '요窈'라고 하고, 아름다운 얼굴을 '조窕'라고 했다고도 한다.

결국 요조숙녀라는 말은 '얌전하고 조용하고 정숙하고 아름다운 숙녀'라는 말이 된다. 옛날에는 요조숙녀가 여자에게 가장 큰 칭찬이었고, 가장 훌륭한 배필감으로 인정되었다.

요즘에는 자기 주장을 바르게 하는 활동적인 여성을 선호하기 때문에 요조숙녀가 오히려 환영 받지 못하기도 한다.

원래 요조는 여인의 모습을 표현한 것이 아니라 산수山水나 궁궐 등이 깊고 그윽하고 아늑한 모습을 형용한 말이다. 이로부터 어떤 사물의 깊은 이치나 조용하고 아늑한 경지를 뜻하는 말로 쓰였다.

용문
龍門

[룡]용 [문]문

○ 용문은 중국의 지명이다. 용문은 여러 가지 비유적 의미로 쓰이는데, 흔히 '입신 출세의 관문'을 가리키는 말로 쓰인다.

사실 중국에는 용문이라고 이름 붙인 곳이 곳곳에 있다고 하는데, 우리가 알고자 하는 용문은 산서山西 하진河津과 섬서陝西 한성韓城 사이에 있는 곳을 말한다.

전설에 따르면 옛날 중국 땅의 홍수를 다스려 천하의 평화를 이루었다는 우왕禹王이 홍수로 넘치는 물을 바다로 흘러가게 하기 위해 뚫은 물길이라고 한다. 물길이 너무나 험해서 물고기나 자라가 거슬러 올라갈 수 없었는데, 일단 이곳을 거슬러 올라가는 데 성공하면 용이 되었다고 한다. 물고기가 용문을 통과하여 용이 된 것을 일컫는 말이 '등용문登龍門'이다.

그밖에 용문은 명성이 높은 사람을 비유한다. 명성이 높은 사람과 친한 관계가 되면 그만큼 출세할 기회가 많아지기 때문이다. 그래서 유력한 사람과 알게 되는 것 역시 등용문이라고 표현한다.

우공이산
愚公移山

[우] 어리석다 [공] 공평하다 · 제후 · 어른 [이] 옮기다 [산] 산

○ 우공이산을 말 그대로 풀자면 '우공愚公이 산을 옮기다'이다. 《열자列子》라는 중국 고전에 나오는 이 고사성어는 '어려움을 알면서도 주저없이 나아가다' 또는 '무슨 일이든 뜻을 세우고 쉬지 않고 노력하면 결국 성공한다'는 뜻으로 쓰인다.

옛날 북산北山이란 곳에 우공이란 노인이 살았다. 그의 나이는 이미 아흔에 가까웠다. 그런데 우공의 집 앞에는 태행산太行山과 왕옥산王屋山이라는 두 산이 가로놓여 있어, 드나드는 데 몹시 방해가 되었다. 그래서 우공은 두 산의 흙을 퍼담아 다른 곳에 옮겨놓기로 결심했다.

이웃에 사는 어떤 노인이 이를 바보 같은 짓이라고 비웃었다. 우공은 말했다. "내가 죽으면 아들이 이어서 할 것이요, 아들이 죽으면 또 손자가 이어서 할 것이요, 자자손손 끊임없이 파 옮기면 산은 더 이상 높아질 리 없으니, 왜 못한다고 하시오?" 그러면서 매일 쉬지 않고 산을 파 날랐다. 상제上帝가 이를 보고 감동하여 두 신하를 보내 산을 등에 지고 다른 곳으로 옮겨 놓게 했다는 이야기이다.

우상
偶像

[우] 짝 · 인형 · 우연히 [상] 형상 · 닮다

○ '청소년의 우상'이니 '젊은이의 우상'이니 하는 말을 흔히 듣는다. 선풍적 인기를 끄는 연예인이 청소년의 우상이고, 21세기 최고의 혁신가인 스티브 잡스 같은 사람이 젊은이의 우상이다.

우상이란 '나무나 돌 또는 쇠붙이 따위로 만든 신불이나 사람의 상'을 뜻한다. 다시 말하자면 '신이나 사람의 모양으로 만든 목상이나 석상' 등을 일컫는 말이다. 그런데 연예인이나 잡스는 목상도, 석상도, 동상도 아니다.

사실 요즘에는 우상이란 말이 '무조건 동경하고 흠모하고 숭배하는 대상'을 뜻하는 말로 많이 쓰인다. 과학이 그다지 발달하지 못했던 시절에 사람은 이해도 설명도 할 수 없는 자연 현상이나 길흉화복 등이 어떤 초월적 존재에 의해 지배된다고 믿었다. 그래서 그 초월적 존재를 대표하는 형상, 즉 우상을 만들어서 무조건 기도하고 숭배했다. 이로부터 우상은 무조건 동경하고 흠모하는 대상을 뜻하는 말이 되었다. 때로는 우상이 믿음과 위안을 주는 역할을 하기도 한다지만, 청소년에게는 부정적 역할을 하는 경우도 많다. 우상으로 생각하던 대상에게 무슨 일이 생기면 식음을 전폐하거나, 심지어 자살까지 하는 경우도 종종 있다.

우회
迂廻

[우] 멀다 · 먼 길 · 굽다 · 에두르다 [회] 돌다 · 돌리다 · 피하다

○ 도시나 시골의 어느 길을 달리든 우회 도로를 한두 번 이상 지나
가게 된다. 좌회전이나 우회전이라는 말에 익숙한 탓에, 한글로 '우
회 도로'라고 써놓은 도로 표지판을 보고 '오른쪽으로 돌아가는 길'
로 오해하는 사람이 많다. 하지만 왼쪽으로 돌아가든 오른쪽으로 돌
아가든 상관이 없다. '右廻'가 아니라 '迂廻'이기 때문이다.

우회 도로의 우회迂廻는 '멀리 돌아가다'라는 뜻이다. 그러므로 우회
도로는 '멀리 돌아서 가는 길'이다. 간단한 획수를 선호하는 요즘은
우회의 한자를 '迂回'로도 쓴다.

우迂는 '길이 멀다' 또는 '빙 돌아서 멀다'의 뜻이다. 이로부터 '실지
의 사정과 멀다, 물정에 어둡다' 등의 뜻이 나왔다. 지나치게 이상주
의이거나 공허해서 실지의 사정과 거리가 먼 것을 '우원迂遠하다'고
말한다. 여러 사건이나 상황이 이리저리 돌고 돌아 복잡하게 뒤얽힌
것을 우여곡절迂餘曲折이라고 한다.

운명
運命

[운] 돌다 · 움직이다 · 옮기다 · 운 [명] 목숨 · 운수 · 가르침 · 명하다

○ 운명이란 '운수運數'와 '명수命數'를 합하여 부르는 말이다. 간단히 말하면, 우주와 자연의 운행에 따라 결정되는 인간의 길흉화복이 운수이고, 태어나면서 정해진 일생의 길흉화복이 명수이다. 모두 인간의 힘이나 의지로 어떻게 할 수 없이 닥치는 것을 말한다.

'운명의 시계'라는 것이 있다. 1947년 핵물리학자들이 지구상에서 핵전쟁이 발발하여 지구의 종말이 올 시각을 자정子正으로 가정한 '운명의 시계'를 창안했다. 1947년 당시 자정 7분 전부터 시작된 이 시계의 바늘은 세계 도처의 핵무기 개발 및 감축 상황에 따라 자정에 가까워지기도 멀어지기도 한다.

현재까지의 지구의 역사를 1년이라고 가정할 때, 인간이 지구상에 나타난 시각은 12월 31일 11시 59분 59초 정도라고 한다. 이처럼 극히 미미한 기간 동안 지구에서 살면서 주인 행세를 해온 인간이 핵무기를 개발해 지구를 날려 버릴 무서운 화력을 가지게 되자, 이에 경종을 울리기 위해 창안된 시계이다.

울화증
鬱火症

[울] 막히다 · 답답하다 · 우거지다 · 성하다 [화] 불 [증] 증세 · 증상

○ 울화증은 말 그대로 '울화鬱火로 인하여 생기는 병' 즉 '속이 답답한 것이 쌓이고 쌓여 속에 불이 난 것 같은 증상'이다. 울화증은 화병火症, 화증火病과 같은 말이다.

우리나라 사람들 가운데 울화증을 앓는 사람이 많다. 그래서인지 우리말에는 속에서 불이 나는 것과 관련된 말이 참으로 많다. '화기 난다, 부아가 치민다, 울화통 터진다' 등등.

화가 나면 풀어야 정신적 · 육체적으로 탈이 없을텐데, 이것을 풀지 못해 속에서 쌓이고 쌓이면 울화증이 된다. 물론 걸핏하면 화를 내는 것은 옳지 않은 일이지만, 억울하게 당한 것은 풀어 주어야 한다. '울鬱'은 그 많은 획수 때문에 괴로운 한자이다. 뜻도 뜻이지만, 보기만 해도 그야말로 답답하고 갑갑한 느낌이 든다.

월하노인

月下老人

[월] 달 [하] 아래 [로] 늙다 [인] 사람

○ 월하노인은 '남녀의 부부의 인연을 맺어 주는 신'이다. 로마 신화의 큐피드Cupid는 화살을 쏘지만, 월화노인은 붉은 줄을 남녀의 발에 묶는다.

중국 당나라 때 위고韋固란 사람이 어려서 고아가 되어 일찍 혼인하고 싶었지만, 좀처럼 뜻대로 되지 않았다. 어느 날 밤에 밖을 내다보니 한 노인이 붉은 줄이 가득 담긴 커다란 자루에 기대어 달빛 아래에서 책을 열심히 보고 있었다. "노인장, 무슨 책을 보시오?"라고 묻자, "세상 남녀의 혼인첩일세."라고 대답했다. "자루 속의 붉은 줄은 어디에 쓰는 것이오?"라고 묻자, "이 끈으로 남녀의 발을 묶으면 세상 누구라도 반드시 부부가 되지."라고 대답했다.

위고는 살며시 노인의 뒤를 따라갔다. 시장에서 애꾸눈의 부인이 서너 살 된 여자 아이를 안고 있었다. 노인이 갑자기 돌아서서, "저 아이가 바로 자네의 처일세."라며 붉은 줄을 두 사람의 발에 묶었다. 기막힌 소리에 위고는 하인을 시켜 그 아이를 칼로 찌르게 하고 달아났다. 14년 후 위고는 결혼을 했다. 부인은 명문의 딸이고 선녀처럼 아름다웠지만, 이마에 흉칙한 흉터가 있었다. 자초지종을 물으니 14년 전 자기 하인의 칼에 맞았던 그 아이였다.

유명
幽明

[유] 그윽하다 · 깊숙하다 · 어둡다 · 가두다 · 저승 [명] 밝다 · 이승

○ 인명 피해가 난 사고 관련 보도에서 '유명을 달리하다'란 표현이 많이 쓰인다. '유명을 달리하다'란 무슨 뜻일까? 앞뒤 문맥으로 보아 '죽다'라는 뜻인 줄 짐작할 수는 있다.

유명을 한자로 쓰면 '幽明'이다. 글자 그대로의 뜻은 '어두움과 밝음'이다. 여러 가지 비유로 쓰이는데, '유명을 달리하다'에서의 유명은 '저승과 이승'을 말한다. 그러니까 '유명을 달리하다'는 '저승과 이승을 달리하다, 죽어서 이승을 떠나 저승에 가다'라는 말로, '죽다'의 완곡한 표현이다.

유幽의 원래 뜻은 '어둡다', 즉 밝다는 뜻의 명明의 반대이다. 이로부터 '깊숙하다, 그윽하다, 고요하다' 등등 여러 뜻으로 쓰인다. 유곡幽谷은 '깊은 산골, 깊숙한 골짜기, 조용한 골짜기'를 가리킨다.

그밖에 유명은 악惡과 선善, 밤과 낮, 달과 해 등에 비유되기도 한다. 같은 발음인 유명幽冥은 '그윽하고 어두운 곳' 즉 '저승'을 말한다. 혼동하기 쉬우므로 주의해야 한다.

한자의 이야기

유야무야
有耶無耶

[유] 있다 [야] 조사 [무] 없다

○ 유야무야란 '있는지 없는지 흐리멍덩한 모양'을 의미한다. 이로부터 '어물어물하다, 흐지부지하다, 흐리멍덩하다' 등의 뜻으로 쓰인다.

유야무야에서 야耶는 의문조사이다. 한문漢文에서 말 끝에 야耶를 붙이면 의문문이 된다. 그래서 유야무야를 말 그대로 풀이하면 '있는가? 없는가?' 또는 '있었는가? 없었는가?'이다. '도대체 그런 일이 있었는가?'라는 말의 한문식 표현이 바로 유야무야이다.

'그 일이 있지도 않았던 것처럼 어물어물 넘어가다'라는 말을 '유야무야하다'라고 한다. 또한 '어물쩍 넘기지 말고 사건의 진상을 끝까지 파헤쳐야 한다'는 뜻으로 '유야무야해서는 안 된다'고 말한다.

사람은 남의 약점은 끝까지 물고 늘어져서 캐내려고 하면서, 자기의 잘못이나 약점은 유야무야하면서 넘어가려는 경향이 강하다. 자기의 과오過誤를 솔직히 인정하고 나서 남을 비판하는 것이 옳은 자세이다.

유착
癒着

[유] 낫다 · 앓다 [착] 붙다 · 신다 · 입다

○ 유착이란 깊은 이해 관계가 있어서 서로 떨어지지 않게 결합되어 있는 것을 말한다. '정경유착政經癒着'은 정치계와 경제계가 뗄래야 뗄 수 없을 만큼 깊이 관계를 맺고 있다는 말이고, '유착관계癒着關係'는 뗄래야 뗄 수 없는 깊은 관계를 말한다. 이들 예에서처럼 주로 부정적인 관계를 가리킬 때 쓰인다.

떨어지지 않게 단단히 결합되면 좋은 것이 아니냐고 의문을 가질 수도 있겠지만, 세상에는 같이 붙으면 안 되는 것도 많이 있다.

유착은 원래 의학 용어에서 나왔다. 서로 분리되어 있어야 할 생체 기관의 조직면이 어떤 원인에 의해 비정상적으로 연결 · 융합하는 것을 유착이라고 한다. 예를 들면 장의 막과 막은 분리되어야 음식물이나 효소가 소통되어 제 기능을 발휘한다. 유착되면 분리 수술을 받아야 한다.

착着의 원래 글자는 '著'이다. 著에는 두 가지 발음이 있어서, 저서著書, 저명著名과 같이 '저술하다, 나타나다'의 뜻일 때는 '저'로 읽는다. 부착附着, 착용着用, 착복着服과 같이 '붙다, 신다, 입다' 등의 뜻일 때는 '착'으로 읽는다. '착'으로 쓰일 때만 '着'으로 쓰기도 한다.

육시
戮屍

[륙] 죽이다 · 사형에 처하다 · 벌 · 욕 [시] 주검 · 송장

O 육시는 '송장에 참형斬刑을 가하다, 즉 이미 죽은 사람에게 참형을 가하다'의 뜻이다. 참형斬刑이란 '목을 베는 형벌'이다. 밝혀진 죄가 너무나 극악무도해서, 이미 죽은 자임에도 불구하고 시신의 목을 베는 형벌을 육시라고 한다.

사실 우리는 욕을 할 때 이 육시를 은연 중에 많이 사용한다. 흔히 '육시랄 ×'이라고 욕을 하곤 하는데, 이는 '육시를 할 ×'라는 말이 간략히 줄어든 것이다. 알고 보면 너무 끔찍한 욕이니, 정말로 육시를 할 죄를 저지른 사람에게가 아니면 하지 않는 편이 좋다.

육시와 같은 말이 '참시斬屍'이다. 부관참시剖棺斬屍의 준말로, 사극에서 들어본 적이 있을 것이다. '관을 쪼개 송장의 목을 베다'라는 뜻이다.

역사를 보면 생전에 영웅으로 추앙받던 인물들이 이후 역적으로 몰려 육시를 당하는가 하면 또는 그 반대인 경우들이 무수히 많았다.

융통
融通

[융] 녹다 · 통하다 · 화합하다 [통] 통하다

○ 융통이란 일을 제대로 하지 않고 적당히 넘어가는 것을 뜻하는 것으로 알고 있는 사람이 많다. 이것이 융통은 아니다.

융통이란 말은 '돈을 융통하다'의 예와 같이 '금전이나 물품 등을 서로 돌려쓰다'는 뜻으로 쓰인다. 글자 '융融'의 뜻은 '녹다'이다. 그래서 융통의 원래 뜻은 '녹아서 통하다, 막힘없이 통通히다'이다.

그밖에 '융통성融通性이 있다'는 말에서처럼 '임기응변으로 일을 처리하다, 변통의 재주가 있다'는 뜻으로도 많이 쓰인다.

법을 집행하는 것에도 융통성이 필요할 때가 있다. 주지육림酒池肉林 즉 연못을 술로 채우고 나뭇잎 대신 고기를 매달아 남녀가 뒤엉켜 놀게 하며 사치와 환락을 다했던 폭군의 대명사, 은殷나라 주왕紂王은 세 형제 중 막내였다. 주왕의 어머니는 위의 두 아들을 낳을 때까지 첩이었다가 정실 왕비가 된 이후 주왕을 낳았다.

주왕의 부모는 맏아들에게 왕위를 물려주려고 했다. 하지만 당시 은나라에는 첩이 낳은 아들은 왕위를 이어받을 수 없다는 법이 있었다. 융통을 모르는 신하들은 법에 어긋난다 하여 결사반대했다. 결국 주왕이 왕이 되었는데, 이로써 은나라는 멸망하고 말았다.

의발
衣鉢

○ 불교의 고승高僧은 세상을 떠나기 전에 제자 중에서 수행이 가장 깊어 자신의 뒤를 이을 만한 자에게 평소에 입고 다니던 가사袈裟와 들고 다니던 식기食器, 즉 바리때를 물려준다. 이처럼 '스승이 제자에게 불법佛法을 전해 주는 징표로 물려주는 가사袈裟와 식기食器'를 의발이라고 한다. 이로부터 의발이란 말은 '스승으로부터 전수받은 사상이나 학문, 기능' 등을 일컫는 말로 쓰인다. '발鉢'은 범어梵語 'patra'를 한자로 음역한 발라다鉢多羅의 준말이다.

의발을 물려주는 의식은 중국 선종의 제1대 조사 달마達摩로부터 시작되었다고 한다. 달마는 원래 천축天竺의 고승으로, 중국으로 건너가 불도를 설법하다가 숭산嵩山 소림사少林寺에 들어가 9년 동안 면벽 수도를 한 것으로 알려져 있다. 달마는 세상을 떠나면서 혜가慧可라는 제자에게 의발을 물려주었다.

달마는 '법法'이란 뜻이 있는 범어 'Dharma'를 음역한 것이다.

의탁
依託

〰〰〰〰〰〰〰〰〰〰〰〰〰〰〰〰〰〰

[의] 의지하다 · 기대다 **[탁]** 부탁하다 · 기탁하다

○ 의탁은 '남에게 의존하다, 부탁하다' 등의 뜻이다. 마치 벽처럼 의지하고 기대면서 모든 것을 맡기고 부탁한다는 말이다. 무의탁자 無依託者란 '혼자의 힘으로 살아갈 수 없고 의탁할 사람도 없는 사람'을 말한다.

그런데 의탁은 책을 저술하는 경우에도 쓰였는데, 이때는 유명한 사람의 이름을 빌어 책을 내는 것을 말한다. 요즘에는 다른 책의 내용을 자기 책에 빌어와 써서 표절이나 도용, 저작권 시비 등의 문제가 많다지만, 옛날에는 반대로 자기 책의 저자를 다른 사람이라고 속여서 문제된 일이 많았다.

새로운 것이나 현대의 문물보다 옛날의 것이나 고인의 가르침을 더욱 소중히 여겼던 옛날에는 자기의 저술이 세상에 널리 오래 전해지도록 하기 위해서 또는 자신의 실력을 내세우기 위해서 의탁으로 책을 내는 일이 흔했다.

병법서를 예를 들면, 병법의 전문가 손자孫子가 지었다는 병법서가 여럿 있어 어느 것이 진짜인지 분간할 수 없다거나, 삼국지의 인기 인물 제갈량諸葛亮이 지었다는 병법서가 난데없이 등장하여 인기를 끌거나 하는 일이 많았다.

인내
忍耐

[인] 참다 · 잔인하다 [내] 견디다 · 능하다

○ 인내라는 말을 모르는 사람은 거의 없을 것이다. 인내는 '참고 견디다'를 뜻한다. 그러나 말처럼 인내가 쉽지는 않다. 그래서 좌우명이나 학급명 등에 인내가 자주 쓰인 것은 장소를 막론하고 항상 우리 눈에 띄어 환기시키려는 것인지도 모른다.

인내의 '인忍'과 '내耐'를 뜯어 보면 참고 견디는 대상이 서로 다르다. 인忍은 자기 내면에서 일어나는 감정 및 욕구를 참는 것을 말하고, 내耐는 외부의 요인에 의한 압력을 견디는 것을 말한다.

인기忍飢, 배고픔을 참다, 인갈忍渴, 목마름을 참다, 인욕忍辱, 치욕을 참다 등에서 볼 수 있듯, 인忍은 감정, 느낌 등이 목적어가 된다. 내한耐寒, 추위를 참다, 내서耐暑, 더위를 참다 등에서 볼 수 있듯, 내耐는 외적 요인이 목적어가 된다.

인忍은 아이러니하게도 '잔인殘忍하다'는 뜻으로도 쓰인다. 지나친 감정과 욕망을 참는 것은 좋은 일이지만, 반대로 남들을 가엾게 여기고 사랑하는 마음을 꾹꾹 눌러 참는 것은 잔인하기 때문이다.

인사불성
人事不省

[인] 사람 [사] 일 · 사건 · 사고 · 섬기다 [불] 아니다 [성] 살피다 · 깨닫다

○ 한자 '省'은 '생략省略'에서처럼 '덜다, 줄이다'의 뜻으로 쓰일 때
는 '생'으로 읽고, '살피다, 깨닫다'의 뜻으로 쓰일 때는 '성'으로 읽
어야 한다.

인사人事란 '사람으로서 해야 할 일'을 말하고, 불성不省은 '살펴 깨
닫지 못한다'는 뜻이다. 그래서 인사불성이란 '사람으로서 할 일을
알아보지 못한다'가 된다. 이 말은 두 가지 경우에 쓰인다.

첫째는 중병重病에 걸리거나 중상重傷을 입고 의식을 잃어서 아무
것도 분간하지 못하는 경우이다. 예를 들면 '열심히 일하다 갑자기
쓰러져 인사불성이다'처럼 쓰인다.

둘째는 지켜야 할 예절을 차릴 줄 모르는 경우이다. 사람을 만나거
나 헤어질 때 하는 것이 기본적인 인사人事이다. 그밖에 사람으로서
지켜야 할 모든 예절을 인사라고 한다. 그래서 '인사불성이 되도록
술을 마셨다'고 하면 예절을 지키지 못할 만큼 지나치게 술을 마셨
다는 말이다.

인색
吝嗇

[린] 아끼다 · 탐하다 [색] 아끼다 · 탐하다 · 거두다 · 적은 듯이 하다

● 인색은 말 그대로 '인색하다, 재물을 체면 없이 다랍게 아끼다'는 뜻이다. 인吝과 색嗇이 지금은 '아끼다, 탐하다' 등 부정적인 뜻으로 쓰이지만, 원래 의미가 좀 달랐다.

'아끼다'를 뜻하는 한자로 인吝과 색嗇 이외에 애愛와 석惜이 있다. 《안자춘추晏子春秋》라는 중국 고전에서 "색嗇은 군자가 추구하는 길이고, 인吝과 애愛는 소인배의 행실이다."라는 구절이 나온다. 그 풀이를 보면 이렇다. "재물이 많고 적음에 따라 씀씀이를 결정하여, 부유할 때는 악착스럽게 쌓아 두지 않고 적당히 쓸 줄 알고, 가난할 때는 남에게 신세 지지 않을 정도로 아끼며 사는 것이 색嗇이다. 많은 재물이 있으되 남과 나누지 않고 자기만 만족스럽게 쓰는 것이 인吝이다. 남에게 나누어 주지도 못하고 자기에게 유익하게 쓰지도 못하는 것이 애愛이다."

있을 때 적당히 쓸 줄 알고 없을 때는 검소하게 사는 것이 색嗇이고, 자기만 풍족하게 쓰는 것이 인吝이고, 자기도 못 먹고 남에게 베풀지 않으면서 그저 모으기만 하는 것이 애愛라는 말이다.

색嗇은 원래 곡식을 거두어 저장한다는 뜻이었다. 옛날에 농부를 색부嗇夫라고 했다. 살림이 어려워 곡식을 한 알 한 알 세듯 절약하며 검소하게 살았기 때문에 색嗇이 '아끼다'는 뜻으로 쓰이게 되었다.

일모도원

日暮途遠

[일] 해 · 날 [모] 저물다 [도] 길 [원] 멀다

○ 일모도원은 '해는 저물고 갈 길은 멀다'는 말이다. 원대한 뜻을 펼치고는 싶은데 세월은 흘러가고 기회가 주어지지 않아 한스러운 심정을 말할 때 쓴다. 또는 죽기 전에 꼭 해야 할 일이 있는데 살날이 얼마 남지 않아 어쩌지 못하는 절박한 심정을 표현할 때 쓰기도 한다.

일모도원은 원래 중국 춘추시대 초楚나라의 오자서伍子胥가 한 말이다. 간신의 모함에 넘어간 초나라 평왕平王에 의해 오자서의 부친과 형이 비참한 죽음을 당했다. 원한이 뼈에 사무친 오자서는 오吳나라로 도망하면서, 반드시 그 원수를 갚겠다고 결심했다. 오나라에서 왕의 신임을 얻어 오나라의 대군을 이끌고 초나라 평왕을 공격하러 가기 위해 준비를 하던 도중에 초나라 평왕이 죽었다는 소식을 듣게 되었다. 원수를 갚기 위해 갖은 곤욕을 견디며 준비해 왔는데 당사자가 죽어버리자 오자서는 "해는 저물고 갈 길은 멀다."라고 말했다. 이후 초나라에 쳐들어간 오자서는 평왕의 무덤을 파헤치고 시체를 채찍으로 수백 번 때리고 나서야 원한이 조금 풀렸다고 한다.

일축
一蹴

[일] 하나 [축] 차다 · 밟다

○ 일축의 '축蹴'은 '차다'라는 뜻이다. 그래서 일축은 '한 번 차다'이다. 이로부터 '가볍게 물리쳐 거절하다, 단번에 물리치다' 등의 뜻이 파생되었다. 전혀 고려하지 않거나, 완전히 무시하거나, 우습게 보거나 하는 경우에 흔히 일축이라는 말을 쓴다.

지금은 상투적으로 쓰이는 말이라 원래의 어감을 잘 느끼지 못하겠지만, 일축을 당하는 입장에서는 대단히 모욕스럽고 기분 나쁜 말이다. 자기의 의견을 말 그대로 일축, 즉 길에 굴러다니는 돌이나 깡통을 차버리듯 했다는 말이기 때문이다.

축蹴이 들어간 대표적인 단어가 축구蹴球이다. 축구 역시 '공을 차다'라는 말에서 나왔다. 축蹴과 같이 '차다'는 뜻을 가진 한자로 척踢이 있다. 중국에서는 축구를 족구足球라고 쓰고, '축구하다'를 '척족구踢足球'라고 쓴다.

입추지지
立錐之地

[립] 서다 · 세우다 · 곧 [추] 송곳 · 바늘 [지] ~의 [지] 땅

○ '송곳(또는 바늘) 하나 세울 만한 땅' 그래서 '극히 좁은 땅'을 입추지지라고 한다. 종종 '입추立錐의 여지餘地가 없다'는 말을 쓰거나 듣곤 한다. 입추라고 하면 가을의 문턱에 들어선다는 절기의 '立秋'가 바로 떠올라서, 도대체 무슨 뜻인지 종잡지 못할 수도 있다. 송곳 또는 바늘을 뜻하는 '추錐'라는 한자를 알아두면 문제가 없다.

'입추의 여지가 없다'는 말은 여러 경우에 쓰인다. '너무 좁아 조금도 여유가 없음'을 뜻하는데, 아주 비좁은 방이나 장소를 표현한다. '찢어지게 가난하다'라는 뜻으로도 쓰인다. 말 그대로 송곳 하나 세울 만한 땅도 없다는 말이다.

'사람이 모여들어 빈틈없이 가득 들어차다'를 뜻하기도 한다. '○○의 공연이 열렸던 △△광장에 입추의 여지없이 관중이 들어찼다'와 같이 쓰인다.

한자어 이야기

작당
作黨

[작] 짓다 · 만들다 · 일하다 [당] 무리 · 마을 · 일가

○ 작당이란 '떼를 짓다, 무리를 이루다'의 뜻이다. 몇 사람이 모여 저희끼리 수군수군 이야기를 나누는 것을 보면 농담삼아 "또 무슨 작당 모의를 하고 있나?"라고 묻기도 하고, '부랑배가 작당하여 행패를 부리다'와 같이 쓰이기도 한다. 사람들이 모여 무리를 이루는 것을 그다지 좋지 않은 어감으로 표현하는 말이다.

창당創黨은 '정당政黨을 만들다'는 뜻으로 쓰이는데, 정당이 만들어지는 일이 잦은 선거철 앞뒤의 신문이나 뉴스에서 창당 관련 이야기를 종종 볼 수 있다.

쓰임새는 다르지만 사실 글자 그대로 따지면 작당이나 창당이나 둘 다 '당黨을 만들다'이다. 당黨이란 목적이나 의견, 행동 등을 같이 하는 사람들의 단체를 말하므로, 정당이란 결국 정치적 견해를 같이 하는 사람들의 모임인 셈이다.

그런데 정치적 견해와 목적을 같이 하지도 않으면서 일시적 이익과 당선을 위해 창당을 하는 경우가 종종 있다. 그래서 창당이 아니라 작당이라고 비난을 받기도 한다.

작취미성

昨醉未醒

[작] 어제 [취] 취하다 [미] 아직 아니다 [성] 깨다

○ 젊은 직장인들 중에 간밤에 잔뜩 술을 마셔서 다음날 아침에도 벌건 얼굴로 출근하면 상사가 "작취미성이로구만!"이라고 한마디 하는데 도대체 무슨 뜻인지 모르겠다는 질문을 종종 받는다. 회사 업무에 관한 말인지, 무슨 비밀스런 은어인지 몰라서 당황한 적이 많다고 한다.

작취미성은 '어제 취한 술이 아직 깨지 않다'는 뜻이다. 업무에 관한 말도, 은어도 아니고, 그저 부하 직원이 숙취에 시달리는 것에 관심을 보이며 하는 말인 셈이다.

또는 지난밤에 술을 많이 마신 것이 미안스럽고 내세울 것이 못되어 대놓고 술을 마셨다는 말은 하지 못할 때 한자성어를 써서 작취미성이라고 돌려 말하기도 한다. 술을 좋아하는 사람이면 알아두면 좋을 법한 성어이다.

잠재
潛在

[잠] 자맥질하다 · 잠기다 · 숨다 · 몰래 [재] 있다

○ 잠재는 '속에 숨어 겉으로 드러나지 않다' 또는 '능력이나 가능성 따위가 아직 실제로 작용하지 않는 힘으로 저장되어 있다'는 뜻이다. 잠재의식, 잠재능력, 잠재위험 등으로 자주 쓰인다.

한자 '잠潛'이 조금 복잡한 탓인지, 제대로 읽거나 쓰지 못하는 사람이 의외로 많다. 원래는 '자맥질하다'의 뜻인데, 이로부터 '잠기다, 숨기다' 등의 뜻이 생겼다.

학교 성적이 그 사람을 평가하는 척도인 요즘 세상에서 성적이 좋지 못해 실망과 비관에 빠진 학생에게 사람은 누구에게나 자기만의 가치를 발휘할 '잠재능력'이 있다는 말로 용기와 희망을 심어 준다. '핵무기에는 인류를 파멸에 빠트릴 위험이 잠재되어 있다'는 말에 공포를 느끼지 않을 사람이 없을 것이다. '○○의 발언이 사회를 혼란에 빠트릴 가능성이 잠재해 있으므로 건드리지 않는 것이 좋다'는 말로 사건을 끝까지 파헤치지 않으려는 것은 실망을 가져다준다. 이처럼 잠재는 어떻게 쓰이느냐에 따라 우리에게 용기와 희망을 주는가 하면, 공포나 실망을 주기도 한다.

쟁패
爭覇

[쟁] 다투다 · 싸우다 · 간쟁하다 [패] 두목 · 패권 · 으뜸

○ 매해 프로 야구의 패권을 어느 팀이 차지할 것인지는 큰 관심거리이다. 패권을 잡으려고 다투는 것을 쟁패爭覇라고 한다. 패覇라는 글자에는 '패권, 으뜸' 등의 뜻이 있다. 그래서 바둑이나 운동 등 주로 싸움과 관계된 말에 많이 사용된다. 어떤 싸움에서 모든 경쟁자를 물리치고 최후의 승리를 거둔 사람을 패자覇者라고 한다. 주먹 세계에서 싸움을 제일 잘 하여 그 세계를 통일한 사람도 패자이고, 결승전에서 최후의 승리를 거둔 사람도 패자이고, 전쟁에서 최후의 승리를 거두어 천하를 통일한 사람도 패자이다. 공교롭게도 같은 발음의 '패자敗者'는 싸움에서 진 사람을 말하므로, 한글로 쓴 경우에는 문맥을 잘 따져 봐야 한다.

천하의 패권을 다투어 왕의 자리에 오른 사람을 패왕覇王이라고 하는데, 요즘에는 바둑의 최강자를 패왕이라고도 한다. 원래 '패覇'와 '왕王'은 서로 대립되는 의미였다. 즉 무력을 통해서 왕의 자리에 오른 사람을 패자라고 하고, 덕치를 통해서 만인의 추대를 받아 왕의 자리에 오른 사람을 왕자王者라고 했다. 또한 힘에 의한 통치를 패도覇道 정치라고 했고, 덕에 의한 통치를 왕도王道 정치라고 했다.

적나라
赤裸裸

○ 적나라는 몸에 아무 것도 걸치지 않고 발가벗은 상태를 형용한 말이다. 이로부터 '표현이 너무 적나라하다' 또는 '속에 있는 생각을 적나라하게 이야기하다'의 예처럼 '있는 그대로 다 드러내어 숨김이 없다'는 뜻으로 쓰인다.

한자 '적赤'과 '라裸'를 따로따로 잘 알고 있어도 '赤裸裸'라고 붙여서 쓰면 어떻게 읽어야 할지 망설이는 사람이 많다. '적나라'라고 읽으면 된다.

인류를 피부 빛깔에 따라 황인종, 백인종, 흑인종 등으로 나눈다지만 사실은 모두 붉은 빛이 바탕에 깔려 있다. 그래서 아무것도 입지 않고 피부를 드러낸 상태를 '적赤'으로 표현하곤 했다. 양말을 신지 않은 맨발을 적각赤脚이라고 하고, 아무것도 가지고 있지 않은 빈손을 적수赤手라고 한다.

일편단심一片丹心이라는 말에서 단심丹心을 적심赤心이라고도 한다. 거짓과 꾸밈이 없는 진실된 마음을 뜻한다. 그외 적나라는 진리를 구하는 승려의 해탈의 경지가 모든 분별심이 떨어져서 마치 발가벗은 것과 같음을 뜻하는 불교 용어로도 쓰인다.

적막
寂寞

○ 적막의 뜻을 풀이하면 '아무것도 없이 공허하다', '아무 소리 없이 고요하다'이다. '적막'이라고 하면 '고요하다, 쓸쓸하다, 적적하다, 공허하다' 등의 말이 떠오른다. 그중 어느 것이 적막의 뜻일까 궁금할지도 모르겠지만, 정확하게는 위의 말들이 풍기는 모든 분위기를 포괄해서 일컫는 말이다. 적寂과 막寞, 모두 구체적인 뜻이 있다기보다 앞에서 말한 분위기들이 감도는 상황을 표현하는 일종의 의태어이다.

태초의 우주의 모습을 일컫는 철학적 의미로 쓰이기도 한다. 아무것도 없고 아무 소리도 들리지 않는 듯하면서 실제로 그 안에는 모든 것이 담겨 있는 것과 같은 상태, 정확히 표현할 수 없지만 편안하면서도 긴장된 분위기 같은 것을 적막이라고 풀이하기도 한다. 그래서 허무虛無라는 말과 짝하여 쓰인다. 즉 허무가 우주의 본래의 모습이라면 그 모습을 형용한 의태어가 적막이다.

적소성대
積小成大

[적] 쌓이다 [소] 작다 [성] 이루다 [대] 크다

● 자주 쓰는 속담 중에 '티끌 모아 태산'이라는 말이 있다. 무엇이든 한꺼번에 이루려고 서두르지 말고 하나씩 조금씩 차근차근 해나가면 언젠가 큰 성과가 있을 것이라는 말이다. 그런 뜻으로 자주 쓰이는 한자성어가 있다. 바로 적소성대이다. 적소성대는 '작은 것이 쌓여서 큰 것이 된다' 또는 '적은 것도 모으면 많아진다'라는 뜻이다. 그밖에 비슷한 뜻의 한자성어로 적토성산積土成山, 적수성연積水成淵, 적우침주積羽沈舟 등이 있다.

적토성산積土成山은 '작은 흙덩이가 모여 큰 산을 이룬다'는 말이고, 적수성연積水成淵은 '작은 물방울이 모여 큰 연못이 된다'는 뜻이다. 예로부터 가벼운 것을 일컫는 대명사로 '새털'을 든다. 새의 깃털은 너무 가벼워서 얼마든지 배에 싣고 갈 수 있을 것 같다. 하지만 깃털에도 무게가 있다. 그래서 '가벼운 깃털도 쌓이고 쌓이면 결국 언젠가 배를 가라앉힌다'는 말이 적우침주積羽沈舟이다.

적자
赤字

[적] 붉다 · 비다 · 벌거벗다 [자] 글자

o 적자는 '붉은 글자'이다. 주로 두 가지 뜻으로 쓰인다. 첫째는 원고 교정에서 잘못 쓴 글자를 바로잡거나 또는 보필한 글자를 말한다. 원고를 교정할 때 주로 붉은 펜을 사용한 데서 유래했다.

둘째, '지출이 수입보다 많아서 생기는 결손'을 뜻하는 말로 쓰인다. 즉 손해, 부족 등을 일컫는 말이다. 장부에 수입 · 지출 상황을 기록할 때 모자라는 금액을 나타내는 글자를 붉은 글씨로 기록한 것에서 나왔다. 공부할 때 특히 중요하거나 주의할 사항에 붉게 표시하던 것과 같은 유래이다. 우리는 적자를 주로 두 번째 뜻으로 접한다. 적자와 반대로 수입이 지출을 초과하여 생기는 잉여나 이익을 '흑자黑字'라고 한다. 이 역시 잉여나 이익을 검은 글씨로 기록한 것에서 유래했다.

한자의 이야기

전도
顚倒

[전] 뒤집다 · 넘어지다 · 꼭대기 [도] 넘어지다 · 거꾸로

○ 전도는 '거꾸로 되다, 거꾸로 하다'의 뜻으로 쓰인다. 그밖에 '넘어지다, 당황하다'의 뜻도 있다. 전도 앞에 본말本末이란 말이 붙어 '본말이 전도되다'라는 표현을 흔히 쓴다. '먼저 할 것과 나중에 할 것이 서로 뒤바뀌다' 또는 '중시해야 할 것과 중시하지 않아도 될 것이 뒤바뀌다'의 뜻으로 하는 말이다.

중국 전국시대 제齊나라 왕이 조趙나라에 사신을 파견했다. 조나라 왕은 사신을 접견하고 외교 문서를 받아들면서 안부차 물었다. "올해 귀국의 농사는 잘 되었소? 백성들은 모두 평안하오? 국왕께서는 안녕하시오?" 그러자 제나라 사신은 기분이 몹시 언짢은 듯 답했다. "저는 제나라 국왕의 명을 받고 귀국에 사신으로 왔사옵니다. 그런데 대왕께서는 방금 농사와 백성의 안부를 먼저 물으시고, 마지막에 국왕의 안부를 물으셨습니다. 이는 천한 것을 먼저 묻고 귀한 것을 나중에 물어서, 본말이 전도된 것이 아닌지요?"

조나라 왕이 대답했다. "그런 것이 아니오. 농사가 잘 되지 않으면 백성이 편할 날이 있을 수 있겠소? 백성이 없으면 국왕이 있을 수 있겠소? 내 물음이 어찌 본말이 전도된 것이란 말이오?"

전어
前魚

[전] 앞 [어] 물고기

○ 전어의 뜻은 '먼저 잡은 물고기'이다. '총애나 지지를 잃어서 버림받은 사람, 또는 버림받을 사람'을 비유하는 말이다. 이 말에는 유래가 있다.

중국 전국시대 위魏나라 왕이 용양군龍陽君과 함께 낚시를 했다. 용양군이 한 마리 두 마리 물고기를 낚아 올리던 중, 열 마리에 이르러서 갑자기 주르륵 눈물을 흘렸다. 왕이 "아니 어디 불편한 곳이라도 있으시오? 그렇게 괴로우신데 왜 여태껏 아무 말도 하지 않았소?" 용왕군은 한참을 흐느끼다 말했다. "제가 처음 물고기를 낚아 올렸을 때, 무척 기뻤습니다. 그런데 갈수록 더욱 큰 물고기가 잡혔습니다. 그러니 지금은 처음에 잡았던 물고기는 거들떠보기도 싫고, 아예 버리고 싶은 심정입니다. 현재 저의 곁에는 시종들이 줄줄이 늘어서고, 길을 갈 때에는 거들먹거리기도 하고, 천하의 미녀들을 차지하고 있습니다만, 이 모두가 제가 요행으로 왕후의 신분에 올랐기 때문이 아니겠습니까? 그러니 저도 언젠가는 처음에 잡았던 물고기의 신세가 될 날이 오리라는 것을 생각하면, 어찌 눈물이 흐르지 않을 수 있겠습니까?"

전율
戰慄

[전] 싸우다 · 두려워하다 · 떨다 **[률]** 두려워하다 · 떨다

○ 전율은 원래 '두려워하여 떨다'의 뜻으로 쓰였다. 그렇지만 꼭 두려움 때문이 아니라 극도의 분노를 느끼거나 날씨가 너무 추워서 몸이 떨리는 것을 말할 때에도 쓰인다.

전율의 강도가 심할 경우에는 전전율율戰戰慄慄로 겹쳐서 쓰기도 한다. 떠는 모양을 우리말로 '벌벌' 또는 '부들부들'이라고 표현하는 것을 한자로는 전율 또는 전전율율이라고 하는 것이다.

아주 두려워하고 조심하거나 몸을 떠는 모양을 뜻하는 전전긍긍戰戰兢兢도 정도가 덜할 때는 전긍戰兢, 정도가 심할 때는 전전긍긍이 된다. 그외 옛날에는 전송戰悚, 전습戰慴, 전계戰悸, 전황戰惶 등으로도 썼다.

전위
前衛

[전] 앞 · 앞서다 · 나가다 [위] 막다 · 방비 · 경영(하다)

○ 전위란 군대 편제에서 '앞에서 먼저 나가는 호위護衛', '전진할 때 적의 엄습을 경계하기 위해 앞서 나가는 부대'를 말한다.

원래 군대에서 쓰이던 전위라는 말이 요즘에는 운동 경기나 예술 등에서 많이 쓰인다. 이로부터 사회 운동에서 가장 선구적인 집단을 말하기도 한다.

운동 경기에서는 자기 진의 전방에 위치하여 주로 공격을 담당하는 선수를 전위라고 한다. 영어 '포워드forward'를 그대로 쓰기도 한다.

전위예술前衛藝術이란 것이 있다. 과거의 인습적인 기법을 타파하고 새로운 것을 찾자는 운동을 말한다. 제1차 세계대전 이후 프랑스에서 일어났다. '아방가르드'라고도 한다.

예를 들면, 과거의 미술은 만들어진 작품의 공간성만 중시했지만, 미술에서도 시간성이 아주 중요한 것이라고 강조하여 대중 앞에서 창작 과정을 직접 보여주는 자체가 미술이라고 주장하기도 한다.

음악에서는 과거의 모든 음악 소재를 부인하여, 피아노 줄에 고무줄 따위를 매서 소리를 낸다든가, 악기가 아닌 다른 물체로 연주하는 것 등을 말한다. 심지어 아무런 연주도 하지 않고 피아노 앞에 그냥 앉아 있다가 일어서면서, 고요함이 음악이라고 주장하기도 한다.

전형

銓衡

[전] 저울추 · 저울질하다 · 저울 [형] 저울대 · 저울 · 저울질하다

○ 입학 시험이나 입사 시험 등을 눈앞에 둔 수험생들은 '전형'이란 말만 들어도 두근두근하고, 조마조마하고, 초조할 것이다.

그런데 전형이란 무슨 뜻일까? 대입 전형, 입사 전형에서의 뜻은 '인물의 됨됨이나 재능을 시험하여 뽑다, 사람을 저울질하여 뽑다'이다.

'전銓'은 저울추, '형衡'은 저울대이다. 그래서 전형은 원래 저울추와 저울대로 이루어진 '저울' 혹은 '저울질하다'의 뜻을 가진다.

전銓보다 먼저 저울추의 뜻으로 쓰였던 한자가 '권權'이다. 권權의 뜻은 처음에 나무 이름에서 저울추로, 나중에는 권력權力, 권세權勢 등으로 변했다.

전형도 원래 '권형權衡'으로 썼었다. 권權 · 형衡 · 전銓 등 글자의 뜻의 기원과 변화 과정에 대한 설이 복잡해서 짧은 지면에서 다 설명할 수는 없지만, 결국 인재를 저울질하듯 뽑는다는 뜻으로 특별히 '전형'을 쓰게 되었다.

절륜
絕倫

[절] 끊다 · 끊어지다 · 뛰어나다 [륜] 인륜 · 무리 · 순서

○ '절륜의 재주', '절륜의 미모' 등과 같은 말을 흔히 쓴다. '월등하게 뛰어나다, 출중하다'의 뜻으로 쓰는 절륜은 어떻게 나온 말일까? 알다시피 한자 절絕은 '끊다, 끊어지다'가 원뜻이다. 실이나 줄 같은 것을 칼로 자르는 것을 의미한다. 흔히 인륜人倫, 윤리倫理 등을 의미하는 륜倫의 원래 뜻은 류類와 같다. 즉 '무리, 동류'의 뜻이다.

'너무나 뛰어나 비교할 만한 무리가 없다'는 뜻에서 절륜이란 말을 쓴다. 무리를 뜻하는 다른 말을 써서 절군絕群, 절류絕類, 절주絕儔, 절등絕等 등도 있다. 절류이륜絕類離倫이라는 성어로도 쓰인다. 절류 역시 '무리에서 떨어지다'라는 말로, 홀로 뛰어남을 뜻한다.

절대絕對도 이와 같은 맥락이다. '비교되거나 관계될 만한 대상이 없이 오직 하나이다'라는 뜻에서 나온 말이다.

절충
折衝

[절] 꺾다 · 꺾이다 · 깎다 [충] 부딪치다 · 공격하다 · 거리 · 요충 · 전함

○ 절충은 원래 쳐들어오는 적의 예봉을 꺾어버린다는 말이다. 그런데 이 말은 실제로 군대를 동원하여 전쟁터에서 싸워 이기는 것보다는 외교상의 담판으로 상대방을 꺾는 것을 일컫는다.

절충은 원래 준조절충尊俎折衝의 준말이다. 준조尊俎는 '술잔'과 '고기를 담은 제기'로, 성대한 연회 또는 술자리를 뜻한다. 준조절충은 곧 '성대하게 차려놓은 외교 회의 석상에서 담판을 지어 상대방을 꺾어 누른다'는 것이다. 예나 지금이나 외교 역시 전쟁이나 마찬가지였기 때문이다.

중국 춘추시대 제나라의 명재상이었던 안자晏子가 '술자리를 벗어나지 않고도 군대를 이끌고 먼 길을 달려가 싸워 이기는 것보다 더 큰 공을 많이 세웠다'는 말에서 나왔다.

한편으로 같은 발음이지만 치우치지 않고 이것과 저것을 가려서 알맞은 것을 얻는다는 뜻의 '절충折衷'과 혼동하기 쉬우므로 주의해야 한다.

절치부심
切齒腐心

[절] 베다 · 갈다 [치] 이 · 어금니 [부] 썩다 [심] 심장 · 마음

○ 우리가 흔히 원통한 일을 당하면 '이를 바드득 간다'거나 '속이 썩어들어간다'고 한다. 절치부심은 몹시 분한 일을 당해서 이를 갈고 속을 썩인다는 말이다. 절치부심할 만한 일을 당하면 복수와 설욕을 생각하기 마련이다. 일례를 들면 와신상담臥薪嘗膽, 오월동주吳越同舟 등 많은 고사를 낳은 구천句踐과 부차夫差의 경우이다.

구천은 회계會稽라는 곳에서 부차와 싸우다 패하여 곤경에 빠지자, 무릎을 꿇고 화친을 청하여 간신히 목숨만 건져 돌아왔다. 이후 부차에 대한 원한과 복수의 일념으로 절치부심했다.

구천은 그 치욕을 잊지 않으려고 왕임에도 불구하고 편안하고 사치스러운 생활을 거부하고 일부러 몸을 괴롭게 했다. 잘 때는 편안한 베개나 침대를 찾지 않고, 맛있는 것을 먹지 않고, 아름다운 것을 보지 않았다. 자기가 직접 밭을 갈아 밥을 먹고, 처자가 직접 옷감을 짜 옷을 해 입었다.

3년 동안 절치부심하여 입술이 말라 터질 정도였지만, 결국 민심을 크게 얻어 오나라를 공격하여 승리를 거두었다.

점입가경
漸入佳境

[점] 점점 · 차차 · 물들다 · 적시다 **[입]** 들다 **[가]** 아름답다 · 좋다 **[경]** 지경 · 경지

○ 한자 '점漸'은 물이 조금씩 젖어드는 것을 뜻한다. 그래서 점입가경은 '점점 아름다운 경지로 들어가다'라는 뜻이다. 이로부터 '점점 흥미를 느끼게 되다', '점차로 잘 되어 가다', '문장이나 산수의 경치 따위가 점점 재미있게 되다'의 뜻으로 쓰인다.

예를 들면, 처음에는 그저 그런 것 같던 소설이 읽으면 읽을수록 흥미롭게 내용이 전개되거나, 산을 올라가면 올라갈수록 아름다운 경치가 나타나는 경우 등을 일컬어 점입가경이라고 한다.

점입가경이 좋은 뜻으로만 쓰이는 것 같지만, 반드시 그렇지도 않다. 어떤 사건을 파헤치면 파헤칠수록 사람들을 기가 막히게 하고 놀라게 하는 경우에 비아냥거리는 말투로 "점입가경이로구만."이라고 말한다.

정립
鼎立

[정] 솥 **[립]** 서다 · 세우다

○ 선거철이면 '세 후보들이 정립하다'라는 말을 종종 볼 수 있다. 여기서 '정립'을 한자로 어떻게 써야 할까? 언뜻 '定立'을 떠올리는 사람이 많겠지만, '鼎立'이라고 써야 맞는다. '세 세력이 성립하다, 엇비슷한 세 세력이 성립하여 서로 우열을 다투다'라는 뜻이다. 같은 뜻으로 정족삼분鼎足三分, 삼족정립三足鼎立, 정족지세鼎足之勢 등이 있다.

정鼎은 원래 '세발솥' 즉 '발이 셋 달린 솥'이다. 크기는 다양했지만, 주로 대형 세발솥을 일컫는다. 그래서 정립의 글자 그대로의 뜻은 '세발솥이 서다'가 된다. 커다란 솥이 세 발로 떡 버티고 서 있는 모습을 상상하면 그 유래를 쉽게 짐작할 수 있다.

옛날에는 정鼎의 재료나 크기, 숫자 등에 의해 신분과 서열을 구분하기도 했다. 보통 사람들은 도기로 만든 것을 사용하고, 신분이 높을수록 청동으로 만든 것을 사용했으며, 천자天子는 9개, 제후諸侯는 7개 등 서열에 따라 소유할 수 있는 정鼎의 숫자가 제한되었다. 그래서 국가나 천하를 물려주는 증표로서 정鼎을 물려주기도 했다.

조장
助長

[조] 돕다 [장] 길다 · 자라다 · 키 · 어른

○ 조장을 글자 그대로 풀면 '자라는 것을 도와주다, 잘 자라도록 돕다'가 되어, 좋은 뜻을 담고 있는 것처럼 보인다. 그런데 조장이란 말이 쓰이는 예를 보면 주로 좋지 않은 습관이나 기풍 등이 자라게 한다는 경우에 쓰인다. '사치풍조를 조장하다, 과소비를 조장하다' 등이 그 예이다. 조장이란 말이 원래 '무리하게 도와서 도리어 해가되다'의 뜻으로 많이 쓰였기 때문이다.

조장은 알묘조장揠苗助長의 줄임말이다. 알揠은 '뽑다', 묘苗는 '새싹'이다. 《맹자孟子》에 나온 말이다. 춘추시대 송宋나라에 농부가 있었다. 자기가 뿌린 씨앗에서 새싹이 텄는데, 새싹이 너무 더디 자라는 것이 가련하여, 싹을 살짝 뽑아 올려 주고 집으로 돌아왔다. 농부는 식구들에게 "오늘은 몹시 피곤하구나. 새싹이 자라는 것을 도와주고 왔더니만."이라며 생색까지 냈다. 아들이 밭으로 달려가 보니 새싹은 이미 모두 말라 죽어 있었다.

생명을 가진 것은 각기 나름의 적절한 주기와 단계가 있어서 스스로의 힘으로 자라도록 두어야 한다. 어설프게 개입하면 도리어 성장을 망칠 수 있다.

졸속
拙速

[졸] 서투르다 · 졸렬하다 · 소용없다 [속] 빠르다

○ '졸속 공사, 졸속 정책, 졸속 추진' 등의 말이 심심찮게 들린다. 심지어 우리 사회의 모든 문제는 지나치게 졸속을 추구한 것에 원인이 있다고 말하는 사람도 있다.

졸속은 '솜씨는 서투르나 해내기는 빠르다'라는 뜻이다. 빨라서 좋을 것 같지만, 제대로 해낸 것이 아니기 때문에 하나도 좋을 게 없는 것이 졸속이다.

졸拙은 손재주가 서투르고 졸렬함을 뜻하는 말이다. 그런데 자신과 관련된 것에 졸拙을 붙이면 겸손한 말투가 된다. 글씨를 잘 쓰는 사람이든 못 쓰는 사람이든 편지의 마지막 인사에 '이만 졸필拙筆을 줄이겠습니다.'라고 쓴다. 졸필은 '서투른 글씨, 졸렬한 글씨'라는 뜻으로, 자기의 글씨를 겸손하게 일컫는 말이다.

학자는 겸손하게 자기의 원고나 논문을 졸고拙稿라고 하고, 저자도 자기의 저서를 졸저拙著라고 칭한다. 정말 서투른 저술로 오해하면 안 된다. 또 남에게 자기 아내를 말할 때 졸처拙妻, 졸부拙婦라고도 한다.

종지부
終止符

[종] 끝·마치다 **[지]** 그치다·막다·겨우 **[부]** 부절·부적·부호

○ '○○의 종지부를 찍다'는 말은 어떤 일이나 상황이 더 이상 계속되지 않게 완전히 끝장이 났거나 끝장을 냈을 경우에 쓴다. 이를테면 '파란만장한 인생의 종지부를 찍다', '밀고 당기는 길고 지루한 싸움의 종지부를 찍다' 등이 있다.

종지終止는 '끝나다, 마치다', 부符는 '부호符號, 기호記號'를 뜻하는 말로, 결국 종지부는 '종지를 나타내는 부호', 즉 한 문장이 끝났음을 나타내기 위해 찍는 부호를 말한다. '마침표'의 한자어라고 할 수 있다. 그밖에 '온점'이라고도 하는데, 영어의 '피리어드period' 또는 '풀스톱full stop'을 옮긴 말이다. 지금 이 책에서도 수없이 종지부를 찍고 있다.

원래 한문과 한글에서는 문장 부호를 사용하지 않았다. 사실 그 점 때문에 옛글을 대하는 사람들은 종종 곤란과 당혹을 느끼곤 한다. 서양에서 사용하는 문장 부호가 도입되면서 옛글을 접하는 데 많이 편해진 편이다. 물론 문장 부호를 사용하지 않던 옛날에는 종지부란 단어나 '종지부를 찍다'는 말이 있었을 리 없다.

참고로 우리가 '쉼표' 또는 '콤마comma'라고 부르는 부호의 한자어는 '휴식부休息符'이다.

종횡
縱橫

[종] 세로 · 남북 · 방종하다 · 가령 [횡] 가로(놓다) · 동서 · 방자하다

○ 종횡은 '세로와 가로'를 뜻한다. 이로부터 세로와 가로로 거침없이 나아간다는 뜻에서 '방종하다', '생각나는 대로 자유자재 행동하다'의 뜻이 생겼다. 종횡무진縱橫無盡은 '자유자재하여 끝이 없는 상태'를 말한다.

그밖에 종횡은 '서로의 이익을 위하여 흩어졌다 모이고, 모였다 흩어지다'라는 뜻으로도 쓰인다. 이 경우에는 합종연횡合縱連橫의 준말이 된다. 합종合縱과 연횡連橫은 각각 '세로로 늘어선 나라끼리 연합하다', '가로로 늘어선 나라끼리 연합하다'라는 뜻이다.

중국 춘추전국 시대는 진秦나라의 통일에 의해 막을 내렸다. 진나라가 통일을 이루기 이전 전국시대에는 진나라를 포함한 일곱 나라가 치열하게 패권을 다투었다. 그런데 지리적 형세를 놓고 보면, 진나라는 당시 중국의 서쪽 끝에 위치해 있었고, 나머지 나라는 오른쪽에 세로로 늘어선 형세였다. 자꾸만 강력해지는 진나라의 세력에 대항하려고 세로로 늘어선 나라들이 연합 동맹을 맺는 것을 합종이라고 했고, 반면 다른 나라를 공격하려고 진나라와 연합 동맹을 맺는 것을 연횡이라고 했다. 춘추전국 시대에는 합종과 연횡이 끝없이 반복되었다.

주마등
走馬燈

[주] 달리다 [마] 말 [등] 등

○ '어린 시절 즐겁게 뛰놀던 추억들이 주마등 같이 눈 앞을 스쳐 지나가다'의 예처럼 어떤 모습이 빠르게 지나가는 것을 형용할 때 주마등이라는 말을 자주 사용한다.

그런데 정작 주마등이 무엇인지 물어보면 제대로 아는 사람이 의외로 드물다. 혹자는 '주마등'이란 한글 발음으로 적당히 넘겨짚어, 달리는 말의 등 위에서 풍경을 보듯 빨리 지나가는 것이 아니냐고 반문하곤 한다.

주마등은 등(불)의 일종이다. 간단히 말하면 '말이 달리는 모양을 장치한 등'이다. 전기가 없던 시절, 어둠을 밝히는 데 등이 애용되었다. 그중 형형색색으로 장식하고 온갖 재미있는 장치를 한 등도 있었다. 주마등 역시 그중 하나이다. 빙글빙글 도는 회전판을 장치하고, 종이로 만든 말이나 마차, 사람 등을 붙여 놓았다. 그리고 그 밑에 등불을 켜면, 뜨거워진 공기의 대류 현상으로 인하여 회전판이 돌아가도록 만든 등이다. 대공원의 회전목마를 축소해서 등에 장치한 것이라고 생각하면 이해가 쉬울 것이다.

중언부언
重言復言

[중] 거듭되다 · 거듭하다 · 무겁다 [언] 말 [부] 다시 · 거듭

○ 중언부언은 '한 말을 되풀이하다, 같은 뜻의 말을 거듭하다'라는 뜻이다. 한자 '復'는 '돌아오다, 회복하다'의 뜻으로 쓰이면 '복'이라고 읽고, '다시, 거듭하다'의 뜻일 때는 '부'라고 읽어야 한다.

많은 한자어가 모양만 한글로 바뀌어 순수 우리말과 함께 사용되는 언어적 특성으로 인하여, 우리말에는 중언부언 현상이 두드러지게 나타난다. 자기는 그렇지 않다고 확신하는 사람이라도 다음의 실례를 보면 생각보다 중언부언이 많다는 것을 알게 될지도 모른다.

이를테면 '역전 앞'이라는 말을 보자. 역전驛前이란 말 자체가 '역 앞'이라는 뜻이다. 그런데 그 뒤에 우리말 '앞'을 또 덧붙였다. '역전' 또는 '역 앞'이 옳은 말이다. '좋은 호평을 받는다'라는 말 역시 많이 쓴다. 호평好評이란 말 자체가 '좋은 평가'라는 뜻인데 앞에 다시 '좋은'이란 말을 붙였다. 그냥 '호평을 받는다'라고 하면 된다.

마찬가지로 '넓은 광장廣場'은 그냥 광장, '젊은 청년靑年'은 그냥 청년, '늙은 노인老人'도 수식어를 빼고 노인이라고 하면 그만이다.

즐비
櫛比

[즐] 빗 · 빗다 · 긁다 [비] 늘어서다 · 나란하다

○ 즐비란 '많은 것이 빗살처럼 빽빽이 늘어서다'라는 뜻이다. '사고
가 터져서 현장에는 부상당한 사람들이 즐비하다'처럼 쓰인다. 즐비
라는 말은 많이 쓰지만 한자 '櫛比'는 잘 모르는 사람들이 많다.

'즐櫛'은 머리를 빗는 빗을 가리킨다. 요즘은 구불구불한 머리를 빗
을 때 쓰는 크고 성긴 빗이 흔하지만, 참빗으로 대표되는 옛날 빗은
빗살이 촘촘했다.

예전에 고대 역사 유물을 공부할 때 석기시대의 유물 중 '즐문토기'
가 있다고 배웠다. 한글로 쓰면 무슨 뜻인지 알기가 어려운데 櫛文
土器 즉 '빗살무늬토기'라는 말이다.

이로부터 즐櫛에는 '머리를 빗다, 긁다'의 뜻도 있다. 지금은 그다지
쓰이지 않지만 집을 떠나 외지로 돌아다니며 온갖 고생을 겪는 것
을 즐풍목우櫛風沐雨라고 했다. 바람으로 머리 빗고 비로 머리 감는
다는 말이다.

지수
指數

[지] 손가락 · 발가락 · 가리키다 · 지시하다 [수] 세다 · 살피다 · 수

○ 지수란 수학 용어로는 '어떤 수 또는 문자의 오른쪽 위에 적어서 그 승멱을 표시하는 문자 또는 숫자'를 말한다. 예를 들면 '5^3'이라는 식이 있다면, 5의 오른쪽 위에 작게 쓴 3을 지수라고 한다. 영어로는 'exponent'이다.

경제 용어로는 '물가 · 노동 · 생산 · 임금 등의 시기에 따른 변동을 일정한 때를 100으로 하여 비교하는 숫자'를 말한다. '물가지수, 지능지수' 등이 그 예이다. 영어로는 'index number'이다.

여러 지수 중에서도 가장 주목할 만한 것은 '행복지수'이다. 간단히 풀자면 '어떤 국민이 삶에서 얼마나 행복을 느끼는지를 나타내는 지수'이다. 여러 나라의 행복지수를 산출해본 결과, 우리나라의 행복지수는 별로 좋은 순위에 들지 못했다고 한다. 국민 소득이나 물질적인 측면에서는 그다지도 원하던 선진국 수준에 가까워졌는데 정신적으로 느끼는 행복감은 이에 따르지 못한다는 것이다.

지인
知人

~~~~~~~~~~~~~~~~~~~~~~~~~~~~~~~~

[지] 알다 **[인]** 사람

○ 지인은 단순히 그 사람의 얼굴이나 이름을 아는 것이 아니라, '능력이나 사람 됨됨이를 알아주는 사람'이라는 뜻으로 쓰인다. 주로 친구에 한정되어 쓰이는 '지기지우知己之友'보다 범위가 넓다.

예로부터 사람이 세상을 살아가면서 힘써야 할 두 가지를 꼽자면, 첫째는 자기의 실력을 키우는 것, 둘째는 사람을 알아보는 눈을 키우는 것이라고 했다.

제齊나라의 왕자로, 권세가 있었던 전영田嬰은 그의 신하 중에서 제모변劑貌辨을 아주 신임했다. 그런데 제모변을 시기하는 사람들이 많아, 그에 대해 안 좋은 소문이 나돌았다. 누구보다 전영을 위한다고 자부하던 주위 사람들은 모두 제모변을 멀리 해야 한다고 말했지만, 전영은 받아들이지 않았다. 나중에 전영이 왕의 미움을 받아 쫓겨나게 되었을 때, 그때까지 전영을 따르던 수많은 사람들이 모두 그의 곁을 떠났다. 그러나 오직 제모변만이 전영을 위해 죽음을 각오하고 선왕을 만나러 갔다. 그리고 선왕의 오해를 풀고 전영이 예전의 지위를 회복할 수 있도록 도와주었다.

질곡
桎梏

[질] 차꼬 · 족쇄 · 쐐기 **[곡]** 수갑 · 쇠고랑 · 묶다

○ 질곡은 '차꼬와 수갑'을 말한다. 이로부터 '자유를 속박하다'는 뜻으로 많이 쓰인다. 죄수들이 등장하는 영화나 드라마를 보면, 중죄인이나 노예의 경우 손과 발을 쇠고랑으로 채우거나 쇠사슬로 묶인 것을 볼 수 있다. 그중 발에 채우는 차꼬를 '질桎'이라고 하고, 손에 채우는 수갑을 '고梏'라고 한다.

'질곡의 세월'이라는 말이 있다. 나라나 민족이 외침으로 인하여 구속 받고 억압 당해 자유를 누리지 못했던 시절을 말한다. 또한 개인적으로 자기를 구속하고 억압하는 것이 있어서 자유롭게 생각하고 행동하지 못했던 시절 또한 '질곡의 세월'이라고도 한다.

우리나라도 외침과 내분으로 여러 차례 질곡의 세월을 겪어야 했다. 그럴 때마다 국민들이 굳건히 일어나 서로 힘을 합쳐 나라와 자유를 지켜왔다.

차질
蹉跌

[차] 넘어지다 · 헛디디다 · 어긋나다 [질] 넘어지다 · 그르치다

○ 부하 직원이 상사로부터 가장 많이 듣는 말 중 하나가 "차질이 없도록 해!"일 것이다. 그 말을 들으면 부하 직원 또한 무조건 "예!" 라고 대답한다. 하지만 차질의 원래 뜻을 아는 사람은 드물다.

글자 모양을 보면 알 수 있듯이, '차蹉'나 '질跌'은 모두 발과 관계있는 글자이다. 발끝이 채이거나 발을 헛디뎌 중심을 잃거나, 비틀거리거나, 넘어지는 것을 뜻한다.

그래서 차질의 원래 뜻은 '발을 헛디디어 넘어지다'이다. 여기까지 읽고 '차질이 없도록 하라'는 말이 '가다가 넘어지지 말고 조심해서 가라'는 상사의 세심한 배려의 말이라며 새삼스레 감격할 부하 직원이 있을지도 모를 일이다. 물론 옛날에는 그런 뜻으로 쓰였겠지만, 지금은 아니다.

지금은 '일에 실패하다, 일이 난관에 부딪치다'를 의미한다. 결국 차질이 없도록 하라는 말은 세심한 배려의 말이 아니라 일을 제대로 하라고 독려하고 다그치는 말인 셈이다. 발끝이 채여 넘어지든, 일에 실패하든, 차질은 생겨서 좋을 것이 못된다.

착잡
錯雜

[착] 섞이다 · 어지러워지다 · 잘못하다 · 갈마들다 [잡] 섞이다

○ 생각의 방향을 어떻게 정리할 수 없어 혼란할 경우에 흔히 하는 말이 '착잡한 마음을 금할 길이 없다'이다.

착잡은 '이것저것 뒤섞이다, 이리저리 뒤얽히다'라는 뜻이다. 뜻으로 보자면 혼잡混雜, 난잡亂雜 등과 같은 말이지만, 착잡은 주로 사람의 심정을 말할 경우에 쓰인다.

착錯의 원래 뜻은 '도금하다'이다. 물체의 표면에 금을 입히는 것이다. 그래서 '섞이다'라는 뜻도 나오게 되었다. 또한 줄, 즉 톱날을 세우는 연장을 뜻했다는 설도 있다. 줄로 쓸면 이리저리 엇섞인 무늬가 생기므로 '섞이다'라는 뜻이 되었다는 설이다.

잡雜이란 글자는 별로 좋은 인상을 주지 않는다. 잡종雜種이나 잡설雜說 등 무언가 순수하지 않은 것 또는 잡다하고 어수선한 것을 형용하기 때문이다.

한자어 이야기

찰나

刹那

[찰] 절 · 짧은 시간 · 탑 [나] 어찌 · 무엇 · 저

○ 찰나는 원래 불교 용어로, '지극히 짧은 시간'을 일컫는다. 범어梵語의 'ksana'를 음역한 것이다. 차나叉拏로 쓰기도 했다.

찰나가 얼마나 짧은 시간인지 여러 방식으로 설명을 하는데, 그야말로 상상을 초월할 정도이다.

일반적으로 순간瞬間 즉 눈 깜짝할 동안 만큼 짧은 시간을 찰나라고 한다. 불교에서는 1찰나 안에 900번의 생멸生滅이 이루어진다고 한다. 손가락 한 번 튕기는 시간에 60찰나가 지나간다고 한다. 그리하여 하루 밤낮은 648만 찰나가 된다.

찰나와 반대로 오랜 세월 긴 시간을 '겁劫'이라고 한다. 보통 하늘과 땅이 한 번 개벽할 때부터 다음 개벽할 때까지의 시간이다. 그래서 한 겁이 지날 때 불과 바람과 물에 의해 커다란 재난이 일어난다고도 한다. 흔히 있지 않은 엄청난 홍수나 화재 등이 발생하여 많은 피해를 보았을 때도 겁劫이라고 한다.

창피
猖披

~~~~~~~~~~~~~~~~~~~~~~~~~~~~~~~~~

[창] 미치다 · 미쳐 날뛰다 **[피]** 헤치다 · 열다 · (옷을) 걸치다

○ 한자로 쓰면 잘 모를 수도 있겠지만, 한글로 '창피하다'고 하면 무슨 뜻인지 모르는 사람이 없을 것이다. 체면이 사나워져서 일어나는 부끄럼을 말한다.

창猖은 미치다 또는 미쳐 날뛰다의 뜻인데, 원래 어떤 동물이나 미개 민족을 뜻하는 말로 쓰였다. 피披는 옷을 입기는 입었는데 세내로 매무새를 다듬지 않은 것을 말한다. 즉 창피의 원래 뜻은 동물이나 미개인처럼 옷을 제대로 입고 다니지 않는 것이었다. 신분과 지위에 따라 예의범절을 심하게 따졌던 옛날에는 옷을 입는 것에서도 엄격했다. 옷을 다 입으면 마지막으로 자기의 신분에 맞는 띠를 두르는 것이 관례였다. 그런데 옷을 다 입고 띠를 두르지 않은 것을 창피라고도 했다. 요즘으로 보자면 와이셔츠에 양복을 입었는데 넥타이를 매지 않은 것이다.

양복을 입고 넥타이를 맸는데 구두를 신지 않고 운동화를 신은 것을 옛날 같으면 그야말로 창피였을 것이다. 그런데 지금은 개성과 멋으로 받아들여진다. 관습과 유행도 세월따라 변하기 마련이다.

천노
遷怒

[천] 옮기다 · 고치다 · 내쫓다 **[노]** 성내다 · 화내다 · 노기

○ 다른 사람에게 화풀이한다는 말이다. 우리 속담 중에 '○○에서 뺨 맞고 ××에서 화풀이한다'는 말과 비슷하다. 원래 공자가 제자 안회顏回에 대해 한 말에서 나왔다.

공자는 자신을 이해하고 등용해줄 군주를 만나려고 14년 동안 천하를 돌아다녔으나 뜻을 얻지 못하고 고향 노魯나라로 돌아왔다. 노나라 애공哀公이 "제자 중에서 누가 학문을 좋아합니까?"라고 묻자, 공자는 "안회라는 제자가 있었는데, 학문을 좋아했고, 천노遷怒하지 않았고, 한 번 잘못한 것을 다시 반복하는 법이 없었건만, 불행히도 명이 짧아 일찍 죽어 지금은 없습니다. 그외에는 그만큼 학문을 좋아하는 제자를 아직 보지 못했습니다."라고 대답했다.

안회는 41세에 죽었다고 한다. 그는 공자가 가장 사랑했던 제자로, 그 인품과 덕망을 알 수 있는 대표적인 것이 바로 공자의 이 말이다. 학문을 좋아하는 것은 물론이고 화가 나도 다른 사람에게 감정을 옮기지 않고 잘못을 반복하지 않는 것은 보통은 도달할 수 없는 높은 도덕적 경지이다.

천령개

天靈蓋

[천] 하늘 [령] 신령·영령·영혼 [개] 덮다·뚜껑·덮개·대개

○ 무협 소설을 보면 '천령개天靈蓋를 내리쳤다'는 표현이 많이 등장한다. 처음 이 표현을 보면 도대체 어디를 내리쳤다는 말인지 아리송하다.

동물의 머리 꼭대기 부분의 뼈를 천령개라고 한다. 글자 그대로 풀자면 '영혼이 드나드는 통로의 덮개' 정도일 것이다. 보통 머리를 가리키는 일종의 속어로 많이 쓰인다. 만화에서 머리 위로 영혼이 빠져나가는 그림을 그려서 사람이 죽는 장면을 묘사한 것을 본 기억이 있을 것이다. 사람이 죽으면 머리 위로 영혼이 빠져나간다고 믿기 때문일텐데, 영혼이 드나드는 통로를 덮은 덮개라는 의미에서 정수리 부분의 뼈를 천령개라고 한다. 줄여서 천령天靈이라고도 한다. 그러고보니 '천령개를 내리쳤다'는 표현은 아주 무시무시한 말이다.

천재·인재
天災 · 人災

[천]하늘 · 자연 [재] 재앙 · 재난 [인] 사람 [재] 재앙 · 재난

○ 천재란 태풍, 홍수, 가뭄, 지진, 해일 등 '자연이 가져다주는 재앙'을 말한다. 하늘과 땅에서 일어나는 이상 현상에 의한 재앙이라는 뜻인 천재지변天災地變의 준말로 쓰인다. 천변지이天變地異 또는 천재지요天災地妖라고도 한다.

인재는 사실 옛날부터 있던 말이 아니다. 실제로 인재라는 단어를 수록하지 않은 사전도 많다. 그런데 요즈음 인재라는 말이 자주 쓰이고 있다. 그 의미를 풀자면, 천재와는 달리 '사람의 잘못으로 인하여 일어나는 재앙'인 셈이다.

'재災'라는 글자 자체가 온 천지에 물이 흘러 넘치고 불이 타오르는 모양인데, 옛날에는 사람의 힘으로 그렇게 엄청난 재앙을 일으킬 수 없었다. 재앙은 오직 자연이 내리는 것이었다. 그러나 날이 갈수록 사람의 잘못으로 생긴 재앙이 천재 못지 않게 되었다. 그러면서 인재가 널리 쓰이게 되었다.

청운
靑雲

[청] 푸르다 [운] 구름 · 습기

○ 청운은 '푸른 구름' 또는 '높은 하늘의 구름'이다. 이 말은 여러 가지 비유적인 뜻으로 쓰인다. 높은 하늘, 원대한 포부, 풍월을 벗삼는 은거 생활이나 높은 지조, 높은 벼슬자리 등이 있다.

'청운의 꿈' 또는 '청운의 뜻'이란 '높은 하늘의 푸른 구름에 올라타고픈 포부나 희망'을 일컫는 말로, '출세하는 꿈'을 말하기도 하고, '속된 세상에서 벗어나려는 뜻'을 가리키기도 한다. '높은 지위에 오른 사람, 청운의 뜻을 품은 사람', '은거하는 사람' 등을 일컫는 말이 청운객靑雲客이고, 높고 원대한 뜻을 함께 다지며 맺은 우의를 청운교靑雲交라고 한다.

'청靑'은 원래 '生싹이 돋아나다 + 井우물'의 모양이었다. 식물의 새싹도 우물의 빛깔도 모두 푸른 빛을 띠기 때문에 '푸르다'는 뜻을 나타낸다. 구름을 뜻하는 애초의 한자는 '운云'이었다. 어떤 기운이 둥그렇게 하늘로 올라가는 모양을 본뜬 글자였다. 나중에 비라는 뜻을 가진 '우雨'가 첨가되어 오늘날의 모양이 되었다.

초미
焦眉

[초] 그을리다 [미] 눈썹

○ 초미란 '눈썹에 불이 붙어 타들어가다'라는 뜻이다. 눈썹에 불이 붙는 경험을 해볼 기회가 있을지 모르겠다. 하지만 그때의 다급한 상황이란 말로 표현할 수 없을 정도일 것이다. 초미지급焦眉之急이라고도 한다.

초焦라는 글자는 '불灬, 火' 위에 '새隹'가 있는 모양이다. 즉 불 위에 새를 굽는 것이다. 지금은 많이 사라졌지만, 퇴근길에 잠깐 들러 간단히 즐기곤 하던 포장마차의 참새구이가 연상되는 글자이다.

어쨌든 몹시 다급하여 마음을 졸이고, 애가 타고, 속이 타는 것과 관계있는 말에 초焦가 많이 들어간다. 초조焦燥라는 말이 그렇고, 노심초사勞心焦思의 초사焦思라는 말도 그렇다.

추첨
抽籤

[추] 빼다 · 뽑다 [첨] 제비 · 심지 · 산가지 · 꼬챙이

○ 추첨이란 '제비 뽑다' 또는 '제비 뽑기'를 뜻한다. 여기서 '제비'
란 흥부와 놀부에 나오는 새가 아니라 '산가지'라고 하는 것이다. 점
을 쳐서 길흉화복을 내다보거나 어떤 일을 맡아볼 사람을 결정할
때 하나씩 뽑도록 만든 가느다란 나무 조각이다.

원래 대나무를 쪼개 만든 것을 '첨籤'이라고 하고, 나무로 만든 것을
'생柵'이라고 했다. 추첨에 뽑힌 것을 당첨當籤이라고 한다. 매주 한
번 추첨하는 복권을 구입한 사람이나, 추첨을 통해 선물을 주는 방
송국 시청자 참여, 퀴즈 · 광고 등의 각종 행사에 응모한 사람들은
애타게 당첨을 기다릴 것이다.

사실 기계 안에서 무작위로 나오는 공으로 복권 당첨자를 결정하는
것은 원래 한자 뜻으로 보자면 엄밀히 추첨은 아니다. 요즘에는 제
비 뽑기뿐만 아니라 '많은 것 중에서 임의로 하나를 뽑다'라는 뜻으
로 추첨이란 말을 쓰고 있다.

추파
秋波

[추] 가을 [파] 물결 · 파도

○ 흔히 남에게 유혹의 눈길을 보내는 것을 '추파를 보내다', '추파를 던지다'라고 한다. 추파를 한자 그대로 풀면 '가을 물결'인데, 왜 유혹의 눈길을 보낸다는 뜻으로 쓰일까?

가을엔 하늘은 높고 날씨는 화창하여 물도 맑고 아름답다. 가을의 그 '맑고 잔잔하고 아름다운 물결'이 곧 추파이다. 여인의 맑고 고운 눈빛이 이와 같아서 추파라는 별명이 생겼다. '미인의 시원한 눈매, 눈초리, 곁눈' 등이 모두 추파이다.

지금은 구분 없이 쓰기도 한다지만, 남자가 여자에게 눈길을 보내는 것을 추파를 보낸다고 할 수 있을까? 어원을 생각해 보면 아무래도 어울리지 않는다.

추파를 추수秋水라고도 한다. 추수는 맑고 깨끗한 모습, 시퍼렇게 날이 선 칼날, 거울 등을 비유하는 말로도 쓰인다.

춘추
春秋

[춘] 봄 [추] 가을

○ 춘추는 말 그대로 '봄과 가을'이라는 뜻이다. 그런데 단순히 봄과 가을이라는 뜻보다는 여러 의미로 쓰인다. 춘추는 춘하추동春夏秋冬 사계절 중에서 두 계절을 대표로 말하여 계절의 변화 또는 시간의 흐름을 의미한다. 그래서 어른의 나이를 춘추라고 한다. 어른한테 "몇 살이십니까?"라고 묻는다면 혼난 것을 가오해야 한다. "춘추가 어떻게 되십니까?"라고 해야 한다.

한편 '△△의 춘추 시대'라는 말이 있다. 비슷한 특징과 품질의 상품이 여러 회사에서 나와 판매 경쟁을 벌이거나, 선거에서 여러 후보가 나와 당락을 점칠 수 없이 비슷한 대결을 벌이거나, 운동 경기에서 뚜렷한 우승 후보가 없이 아슬아슬하게 우승을 다툴 경우에 많이 쓰는 표현이다. 이 말은 옛날 고전으로 많이 읽혔던 《춘추》라는 역사책에서 나왔다. 《춘추》는 옛날 중국에서 사회 기강과 질서가 무너져서 여러 나라의 왕들이 앞날을 점칠 수 없는 싸움에 돌입하여, 전쟁이 끊임없이 전개되었던 역사를 다루고 있기 때문이다.

출사표
出師表

[출] 출동하다 · 나가다 · 나서다 [사] 군대 [표] 상소

○ 출사표란 원래 옛날 군대가 출동할 때 군대 책임자가 왕에게 올렸던 글을 말한다.

'사師'는 흔히 '스승'이라고 알고 있는데, 사단師團의 경우와 같이 '군대'를 일컫는 말로도 쓰인다. 옛날에는 다섯 여단旅團이 모여 이루어진 군대, 즉 2,500명 규모의 군대를 뜻했다. '표表'는 원래 겉옷을 뜻하는 말로, 이로부터 '겉' 또는 '밖'의 뜻이 생겼으며, 도표나 표지 등의 뜻도 있다. 그외 옛날에는 왕에게 올리는 글을 표表라고도 했다.

출사표 하면 떠오르는 것이 《삼국지》이다. 촉한蜀漢의 명재상, 신출귀몰했던 전략가로 알려진 제갈량諸葛亮이 유비劉備가 죽은 이후 조조曹操의 위魏나라를 공격하러 떠나면서 유비의 아들 유선劉禪에게 올린 출사표가 유명하다. 내용이 비장하고 엄숙하여, 예로부터 제갈량의 출사표를 읽고 눈물을 흘리지 않은 남자가 없었다고 한다.

치정
癡情

[치] 어리석다 · 미련하다 · 미치광이 [정] 뜻 · 정 · 진심 · 사실 · 사정

○ '치정에 얽힌 살인'이니 '치정과 원한에 얼룩진 삶'이니 하는 말이 종종 신문의 사회면을 장식하곤 한다. 치정이란 무엇일까? '남녀간에 사랑을 하면서 생기는 온갖 어지러운 정'이다. 그런데 왜 애정愛情이라고 하지 않을까?

'치癡'는 '어리석다, 미련하다, 미치광이'의 뜻으로 쓰인다. 사랑을 하다 보면 상대방에 대한 관심과 애정이 지나치다 못해 말 한마디에도 예민하게 반응하게 된다. 다른 어떤 일보다도 오직 그것에만 집착하기도 한다. 즉 이것저것 냉철하게 가리지 못하게 되는 것이다. 그래서 사랑에 빠진 사람은, 본인이야 달콤하고 꿈 같겠지만 옆에서 보면 영락없이 '바보' 같다. 그러다 보니 사랑의 잘못된 표현역시 과격하고 비정상적이다. 이런 것을 모두 포함하여 치정이라고한다. 치정에 얽힌 사건은 잔인하고 끔찍한 경우가 많다.

침착
沈着

[침] 가라앉다 · 빠지다 · 막히다 · 깊다 [착] 붙다 · 입다 · 신다

○ 침착은 '행동이 들뜨지 않고 착실하다', '어떠한 일에도 들뜨지 않고 마음이 찬찬하다'는 뜻으로 쓰인다. 별로 어렵지는 않지만, 흔히 쓰는 말을 한자로 썼을 때 선뜻 읽기 힘든 것 중의 하나가 '침착 沈着'이다. 침沈의 발음이 하나가 아니기 때문이다.

침몰沈沒, 침후沈厚, 침중沈重에서와 같이 '가라앉다, 깊다'의 뜻으로 쓰일 경우는 '침'으로 읽고, 사람의 성姓일 경우에는 '심'으로 읽는다. 침沈의 원래 뜻은 '물에 가라앉다'이다. 가벼운 것이 물에 가라앉을 리 없다. 그래서 사람의 성격이 무겁고 찬찬하고 착실한 것을 형용하는 말로 침沈을 자주 쓴다.

침沈의 반대는 부浮이다. '뜨다'라는 뜻으로, 가볍고 덤벙대거나 근거 없고 실속 없어 미덥지 못한 것을 형용하는 말이다. 부언浮言, 부화浮華 등이 그 예이다.

Chapter 4

한자어  이야기

탁족
濯足

[탁] 씻다 · 빛나다 [족] 발

○ 탁족은 '발을 씻다'이다. 이 말은 두 가지 뜻으로 쓰인다. 첫째, '세속의 때를 씻고 초탈하여 살아가다'이다. '창랑滄浪의 물이 흐리면 내 발을 씻으리라'라는 노래가 있었다. 창랑滄浪은 강 이름이다. 혼란스런 시절에는 바른 정치가 이루어지지 않으므로 아예 발을 씻고 은거하여 속세로부터 벗어난다는 뜻에서 불렀던 노래이다.

둘째, '머나먼 여행에서 돌아온 사람을 초대하여 회포를 풀게 하다'이다. 밖에 나갔다 돌아오면 제일 먼저 발을 씻고 피로를 풀곤 한다. 그렇듯이 여행에서 돌아온 사람을 불러 발을 씻게 해준다는 뜻에서 나온 말이다.

여행에서 돌아온 사람을 위해 준비하는 술을 탁족주濯足酒라고 한다. 옛날 마주馬周란 사람이 기나긴 여행 끝에 어느 한 객사에 묵었다. 사람들을 만나 술도 마시고 이야기도 하면서 회포를 풀고 싶었는데, 객사에서 술 마시고 있던 사람들이 아무도 거들떠보지 않았다. 그래서 주인을 불러 술을 한 말 가져오게 하고 그 술로 발을 씻어 주위의 이목을 끌었다는 고사에서 유래한 말이다.

탄핵
彈劾

[탄] 활 · 탄알 · 쏘다 · 튀기다 [핵] 캐묻다

○ 탄핵은 '죄상을 들어서 논란하여 책망하다'라는 뜻인데, 예로부터 '관리의 죄과를 조사하여 임금에게 아뢰다'의 뜻으로 쓰였다.

과거에도 그랬지만 민주주의가 발달했다는 오늘날에도 국가의 최고 권력을 쥐고 있는 사람들이 통치자로서 적합한 인물이 못되고 도리어 국민에게 해를 끼치는 범법 행위를 일삼는 경우에 이를 탄핵하는 것은 아주 어려운 일이다.

그래서 오늘날에는 최고 권력자나 고위 공직자의 비리를 바로잡고 그들이 제멋대로 권력을 행사하는 것을 견제하기 위해서 국회에 탄핵소추권을 두고 있다. 대통령을 비롯한 국무총리 · 국무위원 · 행정 각 부의 장 · 헌법재판소 재판관 · 법관 · 중앙선거관리위원회 위원 · 감사위원 · 기타 법률이 정하는 공무원이 법률을 위반했을 경우에는 사법기관이 처벌하기 곤란하기 때문에 국회에 탄핵소추를 의결할 수 있는 권리가 주어진다. 대통령을 제외한 공무원의 탄핵소추는 국회 재적의원 3분의 1 이상의 발의에 재적의원 과반수의 찬성으로 의결된다. 단 대통령의 경우는 국회 재적의원 과반수의 발의에 재적의원 3분의 2 이상의 찬성이 있어야 한다.

파란만장
波瀾萬丈

[파] 물결 · 파도 **[란]** 물결 · 파도 **[만]** 일만 · 많다 **[장]** 길 · 어른 · 지팡이

○ '파란만장한 일생을 마치다'는 유난히 변화와 곡절을 거치며 살아간 사람이 세상을 떠났을 때 흔히 쓰는 표현이다. 파란만장을 글자 그대로 풀면 '넘실거리는 파도가 만 길이나 이어지다'로, '일의 진행이나 삶에 몹시 기복과 변화가 심하다'는 뜻으로 쓰인다.

'파波'와 '란瀾'은 모두 '물결, 파도'를 뜻한다. 그래서 물결이나 파도에 비유되는 것에 파란波瀾이란 말이 쓰인다. 소동, 갈등, 변화나 기복, 다른 것에 끼치는 영향 혹은 효과를 뜻하기도 한다.

만장萬丈은 '만 길'을 뜻하는 말로, 매우 높거나 긴 것을 비유한다. 길이를 재는 단위로 쓰이는 한자 용어로 촌寸 · 척尺 · 장丈 등이 있다. 1척은 10촌이고, 1장은 10척이다. 1장은 성인 남자의 키와 맞먹기 때문에 '한 길, 두 길' 세는 단위가 되었고, 어른을 뜻하기도 한다. 그렇지만 실제 1장은 성인 남자의 키보다 훨씬 길다.

고증에 따르면, 시대에 따라서 1장의 길이가 달랐다. cm로 환산했을 경우, 중국의 한漢나라를 전후로 약 225cm 안팎을 1장이라고 했다. 이후로 조금씩 늘어나서 현재 중국에서는 약 333cm를, 한국에서는 약 303cm를 1장이라고 한다.

파죽
破竹

[파] 깨다 · 깨지다 [죽] 대나무

○ 운동 경기에서 어느 팀이 승리를 거듭할 경우 애용되는 말 중의 하나가 파죽이다. 이를테면 한 팀이 3연승을 거두었다면, '파죽의 3 연승'이라고 말한다.

파죽은 '대나무를 쪼개다'란 뜻이다. '왕성하고 맹렬하여 도저히 억누르기 어려운 상황'을 비유하는 말이다. 또는 일단 착수한 뒤로는 일을 추진하기가 아주 쉬워진다는 것을 비유하기도 한다. 파죽지세 破竹之勢도 같은 말이다.

대나무는 좀처럼 부러지지 않고 곧고 강하여, 예로부터 절개, 강직, 의리 등을 상징했다. 그러나 대나무도 결점이 있어서, 일단 세로 방향으로 칼집을 내어 조금만 힘을 주면 단숨에 쪼개지고 만다. 그렇게 단숨에 쪼개져 내려가는 것은 어떻게 막아 볼래야 막을 수 없다. 그래서 도저히 억누를 수 없는 거세고 당당한 기세나 일단 시작하면 손쉽게 풀리는 것을 비유하여 파죽 또는 파죽지세라는 말이 쓰이고 있다.

파천황
破天荒

[파] 깨다 [천] 하늘 [황] 거칠다 · 황무지 · 멀다

○ '이전에 아무도 한 적이 없는 일을 하다'는 뜻으로 파천황이라는
말을 쓴다. '미증유未曾有'나 '전대미문前代未聞'과 같은 뜻이다.

파천황을 글자 그대로 풀면 '천황天荒을 깨다'이다. 천황이란 '천지
가 미개한 때의 혼돈한 모양'이다. 중국의 천지 개벽 신화에 따르면,
반고盤古라는 신이 오랜 잠에서 깨어나 계란 모양처럼 생긴 거대한
혼돈을 깼다. 그리하여 천지天地가 나뉘고 세상이 형성되기 시작되
었다고 한다.

나중에 천황은 '거칠고 미개한 땅, 낙후된 머나먼 곳'을 지칭하는 말
로도 쓰였다. 중국의 당唐나라, 형주荊州라는 지방에서 해마다 인재
를 선발하여 수도 장안長安에 보내서 과거시험을 치르게 했다. 그러
나 한 번도 급제한 사람이 없었다. 그래서 모두들 형주를 천황이라
고 불렀다. 유태劉蛻란 사람이 드디어 과거에 급제하자 모두들 파천
황했다고 좋아했다. 형주에 새로운 세상을 열었다는 의미이다. 유명
한 인물이 나오면 그 출신 지방도 세상에 이름이 나고 발전하기 때
문이다.

판공비
辦公費

[판] 힘쓰다 · 갖추다 · 주관하다 **[공]** 공평하다 · 공적(公的)인 것 · 존칭 **[비]** 비용 · 쓰다

○ 판공비란 '판공辦公에 드는 비용'이다. 판공이란 '공무에 종사하다, 공적인 일을 처리하다, 집무執務하다' 등의 뜻이다. 결국 판공비란 '공무 처리에 필요한 비용'을 말한다.

정부나 기업에서 몸담고 있는 사람들은 판공비 얘기만 나오면 귀가 커진다고 한다. 판공비를 올릴 것인지, 내릴 것인지, 동결할 것인지 등에 대한 관심이 월급 못지않다. 직위가 올라갈수록 재량껏 사용할 수 있는 판공비의 액수 및 범위도 따라서 커진다. 판공비가 충분하면 월급으로 들어오진 않지만 편하고 풍족하게 쓰면서 일을 할 수 있다.

그런데 판공비가 진정 판공을 위해서, 즉 공적인 일을 수행하기 위해 쓰이고 있는지, 아니면 사적인 일을 처리하는 데 쓰이고 있는지 구분이 애매한 경우가 많아서 문제라고 한다. 공사公私 구분 없이 사용하고 나서, 영수증을 구비하여 보고하면 확인할 길이 없기 때문이다. 결국 쓰는 사람의 투철한 공사公私 구분 의식이 중요하다.

폐사

敝社

[폐] 해지다 · 깨지다 · 피폐하다 [사] 토지의 신 · 단체 · 회사

○ 폐사는 '저희 회사, 이쪽 회사' 정도의 뜻으로, 자기 회사를 겸칭하는 말이다. 상대방을 일컫는 경우에는 존대어를, 자기 쪽을 일컫는 경우에는 겸양어를 세심히 따져서 사용하는 관습에 따라, 우리말에는 존대어나 겸양어가 많다. 이를테면 "폐사敝社가 귀사貴社로부터 구입한…."이란 말은 "이쪽 회사가 그쪽 회사로부터 구입한…."의 겸양 및 존대어 표현이다. 지금은 거의 한글로만 쓰기 때문에 뜻을 알아보기가 힘들다.

'폐敝'의 왼쪽은 수건巾의 여기저기에 구멍이 뚫린 모습을 나타내고, 오른쪽은 손에 몽둥이 같은 것을 들고 있는 모습을 나타낸다. 즉 폐敝는 몽둥이로 수건을 마구 두들겨서 여기저기 구멍이 난 모습을 형용하는 글자이다. 그래서 '해지다, 깨지다'의 뜻을 가진다. 이로부터 '누추한 저의 집'을 폐사敝舍 또는 폐가敝家로 부르게 되었고, 이후 겸양의 말 앞에 '폐敝'가 붙게 되었다.

폐사가 겸양의 뜻인 줄 모르고, '망한 회사, 기울어 가는 회사'라고 오해해선 안 된다. 한편 폐敝를 쓰는 것은 지나친 겸양이므로 '비鄙'를 쓰는 것이 적절하다는 견해도 있다.

표변
豹變

~~~~~~

[표] 표범 **[변]** 변하다 · 바꾸다 · 바뀌다

○ 요즘 쓰는 표변의 뜻은 '갑자기 마음, 태도 등이 변하다'이다. 일상 생활에서 자주 등장하는 한자어이지만, 그 어원을 따지자면 결코 쉽지 않다.

표豹는 '표범'이고 변變은 '변하다'이다. 그렇다고 '표범이 변하다'로 풀어 보면 얼른 그 의미가 와 닿지 않는다. 표변은 원래《주역周易》에 나오는 말로, 군자君子가 이전의 잘못을 고치고 새로운 인격과 덕행을 갖추는 모습을 비유한 말이다.

표범의 새끼는 처음에 무늬가 없다가, 자랄수록 아름다운 무늬가 뚜렷이 나타난다. 즉 군자가 이전의 잘못을 뉘우치고 '선善'으로 나아가는 모습이 표범의 새끼가 자랄수록 무늬가 아름답게 빛나는 것과 같다는 비유이다. 그래서 표변의 원래 뜻은 '표범의 무늬처럼 허물을 고쳐 착해지다'이다. 사람이 개과천선改過遷善하여 새로운 인격과 덕행을 갖춘다는 것이다.

지금 별로 쓰이진 않지만, 표변과 반대의 경우가 '혁면革面'이다. 근본적으로 바뀌지 않고 단지 얼굴빛, 즉 겉모양만 바뀌는 것을 뜻한다. 그래서 '군자는 표변하고 소인小人은 혁면한다'고 했다.

풍상
風霜

[풍] 바람 [상] 서리

○ 풍상은 '바람과 서리'이다. 경우에 따라서 여러 가지 비유적 의미로 쓰인다. 첫째, '세월' 또는 '세상의 갖은 고난과 경험'을 뜻한다. 수많은 세월 동안 바람과 서리를 맞으며 지내온 것을 일컫는다. '세월'의 뜻으로 쓰일 경우에 성상星霜이라고도 한다.

둘째, 문장이나 경치에서 우러나는 깨끗하고 자연스런 운치를 뜻한다. 옛날 어떤 시인은 가을의 정취를 풍상고결風霜高潔이라고 읊었다. '바람은 높이 불고 서리는 희고 깨끗하다'는 뜻이다.

셋째, 준엄하고 엄숙하여 무엇에도 흔들리지 않는 기개와 절조를 뜻한다. 옛날에는 관리의 비리를 조사하는 어사御史나 법을 집행하는 사법관의 임무를 풍상지임風霜之任이라고 했다. 개인적인 사정이나 권력의 눈치를 보지 않고 냉엄하고 엄숙하게 해야 할 임무라는 뜻에서이다.

풍수지탄
風樹之歎

[풍] 바람 [수] 나무 [지] 가다 · ~의 [탄] 탄식하다 · 한숨쉬다

○ 원래 중국의 《한시외전韓詩外傳》에 나오는 말로, '수욕정이풍부지樹欲靜而風不止, 자욕양이친부대子欲養而親不待'는 말에서 유래했다. 나무는 조용히 있고 싶어 하지만 바람이 잠들지 않고, 자식은 부모를 모시고 싶어 하지만 부모가 기다려 주지 않는다는 뜻이다.

어려운 집안 형편에 자식 키우느라고 부모님께서 고생하시는 것을 보다 못한 자식이 천신만고 끝에 부모님을 편히 모실 만큼 성공을 했지만, 그때는 이미 부모님께서 돌아가신 뒤라서 한스러운 자식의 심정을 말한 것이다.

풍수지감風樹之感 또는 풍수지비風樹之悲라고도 한다.

풍진
風塵

[풍] 바람 [진] 먼지 · 티끌

○ 연세 지긋하신 어른들이 얼큰하게 술에 취하면 애창하는 '이 풍
진 세상을 만났으니'로 시작되는 노래가 있다. 무심코 따라 부르긴
했었지만, 도대체 어떤 세상을 만났다는 말인지 궁금하곤 했다.
풍진이란 말 그대로 '바람과 먼지 또는 바람에 흩날리는 먼지'이다.
여러 가지 비유적 의미로 쓰인다. 가장 흔히 쓰이는 비유는 '어지럽
고 소란스런 세상'이다. 혼란하고 시끄럽게 돌아가는 세상의 모습이
풍진과 같기 때문이다.
'여행길의 피로와 고달픔'을 비유하기도 한다. 지금이야 길이 많이
포장되어 있지만, 옛날에는 포장이 안 된 길에서 바람과 먼지를 뒤
집어쓰는 일이 다반사였다.
'전란戰亂'을 비유하기도 한다. 전란이 일어나면 말과 사람이 섞여
다니는 통에 흙먼지가 날리게 마련이다. 그리고 풍진은 적이 쳐들어
온다는 경보 역할을 하기도 했다. 멀리서 풍진이 일어나는 것을 보
고 적의 위치를 알 수 있었기 때문이다.

학대
虐待

○ 학대란 '몹시 굴다', '가혹하게 대하다'라는 뜻이다. 지금은 알아볼 수 없지만, 한자 '학虐'의 옛날 모양을 보자면, 범 또는 범의 무늬를 뜻하는 '虍' 안에 '爪 + 人'이 들어 있는 모양이었다. 즉 학虐은 원래 범이 발톱爪을 세우고 사람人에게 달려들어 참혹하게 죽이는 모양을 본뜬 글자이다.

학虐이 들어간 말치고 좋은 뜻이 없다. 참혹하게 죽이는 것을 학살虐殺이라고 하고, 백성을 못살게 구는 가혹한 정치를 학정虐政이라고 한다. 스스로 자기를 학대하는 것은 자학自虐이라고 한다. 결국 학虐이 들어가는 행위는 원래의 어원에서처럼 사람이라면 할 행위가 아니다.

학철
涸轍

[학] 마르다 · 말리다 [철] 수레바퀴 자국

○ 발음에 주의해야 한다. '고철'이라고 읽는 사람이 의외로 많다. '涸'의 발음은 '학'이다. '물이 마르다' 또는 '물을 말리다'의 뜻이다. '철轍'은 수레바퀴 자국이다. 수레가 요즘의 승용차 역할을 하던 시절, 길도 포장되지 않아서 수레가 지나가면 바퀴 자국이 나기 마련이었다. '전철前轍'의 뜻은 앞에 지나간 수레바퀴 자국이다. 그래서 '전철을 밟지 말자'는 말은 '앞에 지나간 수레바퀴 자국을 따라가지 말자', 즉 앞에서 한 실수를 되풀이하지 말자는 뜻이다.

비가 오면 길에 난 수레바퀴 자국에 물이 고였다가, 비가 그치면 서서히 말라간다. 이것이 학철이다. 즉 학철은 수레바퀴 자국에 고였다가 서서히 말라가는 물이다. 이 말은 사실 '학철부어涸轍鮒魚'의 준말이다. 학철부어란 '수레바퀴 자국에 고였다가 서서히 말라가는 물 속에서 사는 붕어'이다. 극도의 위험이나 곤경에 처했을 경우나 우리의 덧없는 인생을 비유할 때 쓴다. 아무리 대단한 것을 추구하고 성취해도 결국 우리의 인생은 수레바퀴 자국에 고인 물 속에서 사는 붕어와 다를 바 없다.

할부
割賦

[할] 나누다 · 쪼개다 · 가르다 · 자르다 [부] 구실 · 부역 · 매기다

○ 할부 구입, 할부 판매 등 할부를 이용하면 구매자는 가격이 부담되는 물건을 나누어 지불하는 조건으로 살 수 있어 좋고, 그만큼 판매자는 물건을 많이 팔 수 있어 좋다. 그런데 할부를 한자로 어떻게 쓰는지 잘 모르는 사람이 의외로 많다. 한글로만 쓰다 보니 발음이 와전되어 '활부'라고 하는 에도 심심찮게 볼 수 있다.

할부는 한자로 '割賦'이다. '지급할 금액을 여러 번으로 나누어 주다, 분할하여 배당하다'의 뜻으로 쓰인다. 옛날에는 '과세課稅를 줄이다'를 의미하기도 했다.

할割에는 '나누다, 쪼개다, 가르다'의 뜻이 있다. 모양을 보아도 칼과 관계있는 글자임을 알 수 있다. '부賦'에는 뜻이 많다. 위에서 소개한 '구실, 부역, 매기다' 이외에 '펴다, 주다, 받다' 그리고 '시를 읊다, 짓다' 등이 있다.

해괴망측
駭怪罔測

[해] 놀라다 · 소란하다 [괴] 기이하다 [망] 그물 · 없다 · 속이다 [측] 재다 · 헤아리다

○ 믿을 수 없을 만큼 놀랍고 괴이한 일이 발생하면 '해괴망측하다'
는 말을 한다.

'해괴駭怪'는 '야릇하고 괴이하다, 놀라울 정도로 괴이하다'는 뜻이
고, '망측罔測'은 '헤아릴 수가 없다'라는 뜻이다. 그래서 해괴망측은
'헤아릴 수 없이 야릇하고 괴이하다'이다.

사극에서 많이 볼 수 있는 장면으로, 여인들이 못 볼 것을 보거나 부
끄러운 일을 당하면 두 손으로 얼굴을 가리며 '망측스럽다'고 말을
한다. '어떻게 그런 일이 있을 수 있을까 헤아릴 수 없다'라는 의미
가 담긴 말이다.

망罔이 쓰이는 다른 말로 '망극罔極'이 있다. '끝이 없다'는 뜻으로,
사극에서는 '성은聖恩이 망극하다'의 준말로 신하들이 왕 앞에서 늘
상 하는 말이다. 그밖에 '한이 없는 슬픔이나 고통'의 준말로 사용되
기도 한다.

해어화
解語花

~~~~~~

[해] 풀다 · 이해하다 **[어]** 말 **[화]** 꽃

○ 해어화를 글자 그대로 직역하면 '말을 이해하는 꽃' 또는 '말을 할 줄 아는 꽃'이다.

유전 공학이 엄청난 속도로 발달하고 있다고 하는데, 이제 말을 할 줄 아는 꽃까지 나왔다는 것일까? 그것이 아니라 '여인의 아름다움, 아름다운 여인'을 형용하는 말이다. 세상에서 이름다운 것 하면 누구나 꽃을 떠올릴 것이다. 그래서 미인을 꽃에 비유한 예도 수없이 많다. 해어화란 원래 당唐나라 현종玄宗과 양귀비楊貴妃의 고사에서 나왔다.

어느 맑은 가을날, 태액지太液池란 연못에 수천 송이 연꽃이 활짝 꽃잎을 열었다. 현종은 연회를 마련하여 가까운 인척들과 연꽃을 감상했다. 사람들은 연꽃의 자태와 장관에 넋을 잃은 채 찬탄과 선망을 금치 못했다. 문득 현종은 사람들에게 곁에 있는 양귀비를 가리키며 "나의 이 해어화와 견주면 어느 것이 아름답소?"라고 물었다고 한다. 그후 해어화는 생향옥生香玉, 향기나는 옥과 함께 미인의 별칭으로 흔히 쓰인다.

해이
解弛

[해] 풀다 · 풀리다 · 가르다 · 이해하다 [이] 느슨하다 · 늦추다 · 풀리다

○ 해이는 '마음의 긴장, 규율 등이 풀리어 느즈러지다'는 뜻이다. 주로 사람의 정신 상태나 사회의 기강이 느슨하게 풀린 것을 말할 때 쓰인다.

해이와 상대되는 말은 긴장緊張이다. '장張'과 '이弛'는 모두 활과 관계있는 글자이다. 원래 뜻을 보면, '장張'은 '활에 시위를 얹다'이고 '이弛'는 '활시위를 벗기다'이다.

활이 탄력을 오래 유지하게 하려면 사용할 때에 시위를 얹고, 사용하지 않을 때는 벗겨 두어야 한다. 이것이 긴장과 해이다. 마찬가지로 현악기 연주자는 연주할 때는 줄을 팽팽하게 당기고, 연주를 하지 않을 때는 풀어 둔다.

흔히 긴장은 좋은 것이고, 해이는 나쁜 것으로 생각하기 쉽다. 그러나 어원을 따지면 긴장과 해이는 적절히 조화를 이루어야 한다. 사람도 일할 때는 긴장해서 열심히 일하고 쉴 때는 해이해서 여유를 가지고 푹 쉬어야 활력을 얻을 수 있다. 다만 긴장해야 할 상황에 해이하고, 해이해야 할 상황에 긴장하면 문제가 되는 것이다.

행림
杏林

[행] 살구(나무) [림] 수풀 · 숲

○ 한의원이나 병원, 약국에서 '행림'을 상호 앞에 붙인 것을 종종 볼 수 있다. 행림은 '살구나무 숲'이란 뜻인데, 도대체 살구나무와 무슨 관계가 있을까? 그 이유엔 고사가 있다.

옛날 중국 삼국시대 오吳나라에 동봉董奉이라는 명의名醫가 있었는데, 여산廬山이라는 곳에서 은거했다. 그는 돈을 받지 않고 사람들의 병을 치료해 주었다. 대신 중병에서 나은 사람은 살구나무 다섯 그루, 가벼운 병에서 나은 사람은 살구나무 한 그루를 산에 심고 가게 했다. 몇 년이 지나자 살구나무가 10만여 그루나 되어, 울창하게 숲을 이루었다. 이후 행림은 명의名醫와 양의良醫의 미칭이자 대명사로 쓰이게 되었다.

동봉의 미담은 여기서 그치지 않는다. 살구나무에 수많은 열매가 열리자, "살구를 사려는 사람은 나에게 말할 것 없이, 자기가 알아서 곡식을 갖다 놓고 그만큼 살구를 가져가라."고 팻말을 붙여 놓았다. 그리고 그 곡식으로 해마다 어렵고 가난한 사람을 도왔다고 한다. 여기서 나온 말이 행전杏田으로, 은자隱者가 마련한 궁민 구제 대책의 대명사로 쓰인다.

허무
虛無

[허] 비다 [무] 없다

○ 오늘날 허무라는 말은 '덧없다' 또는 '황당하고 근거없다' 등 주로 부정적인 뜻으로 쓰인다.

그런데 애초에 허무라는 말에는 철학적 의미가 담겨 있다. 허무를 글자 그대로 풀면 '아무것도 없이 비다'이다. 노자老子와 장자莊子로 대표되는 도가道家 사상에서 우주 만물의 근원을 '도道'라고 했는데, 도의 본체를 허무라고 보았다. 아무것도 없이 비었기 때문에 그 안에 만물을 채울 수 있다는 것이다. 그래서 인간이 추구해야 할 경지도 허무라고 했다.

도가의 해설이 이후로는 '사사로운 마음이 없고 사물에 얽매이지 않다, 스스로를 맑고 깨끗하게 비워 욕심을 가지지 않다'의 뜻으로 허무가 쓰였다.

정신 집중을 필요로 하는 운동 경기에서 우승한 선수들에게 비결을 물으면 '마음을 비우니 좋은 결과가 나왔다'고 많이들 대답한다. 허무가 좋은 결과를 이끌었다는 말이다. 이른바 정신 집중 훈련이라는 것도 사실은 마음을 허무의 상태로 만드는 훈련이다. 운동 선수뿐만 아니라 모든 사람들이 허무의 정신을 배울 필요가 있을 것 같다.

현하
懸河

[현] 매달다 · 매달리다 · 걸다   [하] 강 · 물

○ 쉬지 않고 거침없이 흘러나오는 말을 현하지변懸河之辯이라고 한다. 여기서의 현하란 무슨 뜻일까?

'현懸'은 '매달다, 매달리다'의 뜻을 가진다. 그래서 현하란 '강을 하늘에 매달다' 또는 '강이 하늘에 매달리다'가 된다. 현하는 원래 '폭포'의 별칭으로 쓰였다. 폭포의 모습이 마치 강을 하늘에 매달아 놓은 것 같기 때문이다. 따라서 현하지변은 '폭포처럼 쉬지 않고 거침없이 나오는 말솜씨'이다.

이처럼 현하는 유창하고 분방한 말솜씨, 글재주 등을 비유하는 말로 많이 쓰인다. 현하사수懸河瀉水, 현하주수懸河注水 역시 '강을 하늘에 매달아 물을 쏟아붓는 것 같다'로, 거침없이 도도하게 흘러나오는 말을 뜻한다. 현하구변懸河口辯, 현하웅변懸河雄辯도 같은 뜻이다.

현하주화懸河注火, 현하사화懸河瀉火라는 말도 있다. '강물을 기울여 불에 쏟아붓다'라는 뜻으로 '강력한 힘으로 적을 무찌르다'를 의미한다. 그외 육지보다 위로 높이 솟아 흐르는 강을 현하라고도 한다.

현혹
眩惑

[현] 아찔하다 · 현기증이 나다 **[혹]** 정신이 헷갈리고 어지럽다

○ 꿈에도 그리던 사람이 갑자기 나타나거나, 전혀 예상하지 못한 일이 일어나면 흔히 '눈앞이 캄캄해진다'고 하는데, 이것이 '현眩'이다. '혹惑'은 무언가에 푹 빠져서 정신이 헷갈리고 어지럽다는 뜻으로, 미혹迷惑이라는 말과 같이 쓰인다. 현眩과 혹惑이 합해진 현혹은 결국 '눈이 어질어질하고 마음이 헷갈릴 정도로 무언가에 욕심이 나거나 푹 빠졌다'는 뜻이다.

사람은 현혹되면서 인생을 사는 존재이다. 젊은 시절에는 이성에 현혹되기 쉽고, 중년에는 금전에 현혹되기 쉽고, 노년에는 명예에 현혹되기 쉽다는 말이 있다.

지자불혹知者不惑, 예로부터 사리를 잘 분간하는 사람은 어느 것에도 현혹되지 않는다고 했다.

혈기
血氣

[혈] 피 **[기]** 기운·공기·기질·기후

○ 혈기란 흔히 '생명을 유지하는 힘'을 뜻하는 말로 쓰인다. '혈血'
과 '기氣'는 모두 생명의 근원이요, 원천이다. 몹시 앓았거나 허약한
사람을 보면 '얼굴에 핏기가 없다'고 말한다. 핏기가 바로 혈기의 우
리말이라고 할 수 있다.

힘이 센 사람을 장정壯丁이라고 하고, 사람의 일생에서 한창 때를
장년壯年이라고 한다. '장壯'은 바로 혈기가 가장 왕성하다는 뜻이
다. 혈기는 흔히 '격동하기 쉬운 기운' 또는 '피끓는 장년의 기상'을
뜻하는 말로 쓰인다. '혈기지용血氣之勇'이라는 말이 있다. 혈기로 일
어나는 한때의 용기, 즉 이성적 판단이 아니라 충동에서 나오는 일
시적 용기를 말한다.

"사람이 살아가면서 조심해야 할 세 가지가 있다. 젊은 나이에는 혈
기가 아직 정해지지 않았으므로 색色을 가까이 하여 혈기를 낭비하
는 일이 없도록 조심해야 하며, 장년에는 혈기가 왕성한 때이므로
함부로 싸우지 않도록 조심해야 하고, 노년에는 혈기가 쇠하므로 탐
욕을 부리지 않도록 조심해야 한다." 공자의 말이다.

호구
虎口

[호]범 [구]입·아가리·아귀·어귀

○ 호구를 직역하면 '범의 입'이다. 쩍 벌리고 있는 범의 입은 무시
무시하고 소름끼친다. 이로부터 '호구에 처했다'고 하면 '대단히 위
험한 지경에 처했다'는 말이 된다. '머리를 호구에 집어넣다'라고 하
면 '스스로 위험을 자처하는 행동을 한다'는 말이다.

바둑 용어로 쓰이기도 하는데, 바둑돌 석 점이 둘러싸고 한쪽만 트
여 있는 모양의 속을 호구라고 한다. '호구를 치다'라고 하면 바둑돌
한 점만 놓으면 상대방의 돌을 먹을 수 있게끔 돌을 놓는 것을 말한
다. '호구에 놓다'고 하면 상대방의 돌이 둘러싸고 있는 속에 돌을
놓는, 어처구니없는 실수를 범하는 것을 말한다. 때로는 상대의 집
을 없애고 더 크게 먹기 위한 전략으로 일부러 호구에 놓기도 한다.

그밖에 호구는 엄지 손가락과 집게 손가락의 사이를 가리키는 말로
도 쓰인다. 손을 자연스럽게 펴보면 엄지 손가락과 집게 손가락의
사이가 범의 입이 벌어진 모양을 하고 있을 것이다.

호로
胡虜

[호] 턱밑살 · 어찌 · 오랑캐 · 엉터리 [로] 포로 · 사로잡다 · 종 · 오랑캐

○ '호로자식'이라는 욕설이 있다. 호로를 우리말로 옮기면 '오랑캐' 정도에 해당한다. 원래 중국의 한족漢族이 '북방의 이민족'을 낮잡아 부르던 말이다. 우리가 일컫던 오랑캐는 두만강 일대의 여진족이었다. 그러므로 엄격히 말하면 다르다고 하겠지만, 모두 문화적 발달이 뒤늦은 미개한 종족이라는 멸시의 의미가 담겼다는 점에서는 같다. 그밖에 근세에는 외국인을 얕잡아서 호로라고 부르기도 했다. 서로의 문화적 차이를 인정하고 존중하는 풍토가 자리잡은 현재에는 별로 쓰이지도 않고, 써서는 안 되는 말이다. 따지고 보면 중국의 입장에서 우리도 동쪽 오랑캐였다.

원래 호胡는 소의 턱이 아래로 늘어진 것을 가리키던 글자이다. 그래서 '턱밑살, 드리워지다' 등을 의미했다. 하지만 지금은 별로 쓰이지 않고, 의문사로 많이 쓰인다. 그밖에 '엉터리, 터무니없다'의 뜻도 있어, 터무니없는 말을 호언胡言 또는 호설胡說이라고도 한다.

호우
豪雨

[호] 호저 · 뛰어나다 · 굳세다 · 호화스럽다 [우] 비

○ 양동이로 퍼붓듯이 줄기차게 오는 비를 호우라고 한다. 그것이 어느 한 곳에 집중적으로 쏟아지면 '집중호우'라고 한다.

그런데 왜 비를 형용하는 말에 '호豪'라는 글자가 쓰이게 되었을까? 글자 모양에 돼지를 뜻하는 '시豕'가 있는 것으로도 짐작할 수 있겠지만, 호豪는 원래 호저豪猪라는 동물 이름이다. 또는 호저의 가시털을 뜻하기도 한다.

호저는 중국, 인도, 아프리카 등지에서 산다는 몸길이 60~70cm 정도의 동물이다. 온몸에 몸보다 더 길고 강한 바늘 같은 가시털이 나 있어서, 건드리면 몸을 웅크리고 가시털로 덤벼들어 아무도 함부로 접근하지 못한다고 한다. 고슴도치가 연상되겠지만, 고슴도치보다 훨씬 강하다. 그래서 호豪에 '강하다, 억세다, 굳세다' 등의 뜻이 생겼다. 호족豪族이란 말도 여기서 나왔다. 막강한 권력을 쥐고 있기 때문에 아무도 함부로 건드리지 못하는 집안을 말한다.

비를 형용하는 말로 호우와 발음이 같지만 달리 쓰이는 것으로 '호우好雨'가 있다. 비가 와야 할 적절한 때에 오는 비를 뜻한다.

혼백
魂魄

[혼] 넋 · 정신 · 마음 [백] 넋 · 몸 · 달

o 혼백을 흔히 '넋, 영혼, 정신'이라고도 말한다. 옛날부터 사람들은 사물의 형체와 독립되어 있으면서 생장生長을 주관하는 것이 있다고 믿었다. 그것을 흔히 '영혼'이라고 한다. 잠을 자는 것은 영혼이 잠시 몸을 떠나는 것이고, 죽는 것은 영혼이 영원히 떠나는 것이라고 믿었다.

옛날 사람들은 땅을 숭배했고, 사람이 죽으면 영혼도 땅으로 들어간다고 믿었다. 그래서 영혼에 대한 생각에도 구분이 없었다. 그런데 나중에 하늘도 숭배하게 되면서, 영혼에 대한 생각에도 구분이 생겼다. 즉 사람이 죽으면 땅으로 들어가는 것과 하늘로 올라가는 것이 나뉜다고 생각했다. 여기서 하늘로 올라가는 것을 '혼魂'이라고 하고 땅으로 들어가는 것을 '백魄'이라고 했다.

즉 살아 있을 때는 정신을 주관하고 죽으면 하늘로 올라가는 양陽의 기氣를 혼魂이라고 하고, 살아 있을 때는 오관伍官 및 육체를 주관하고 죽으면 땅으로 돌아가는 음陰의 기를 백魄이라고 한다.

화조사
花鳥使

[화] 꽃 [조] 새 [사] 사신 · 심부름군 · 하여금 · 시키다

○ 연애 편지나 사랑의 밀어를 전해 주면서 남녀 사이의 사랑을 맺어주는 사람을 화조사라고 한다. '사랑의 사자使者'인 셈이다.

화조花鳥는 '꽃과 새' 또는 '꽃을 찾아든 새'이다. 새가 꽃 사이를 날아다니다 보면 열매를 맺게 된다. 새가 꽃들의 사랑을 맺어주는 것이다. 생물학적으로 보면 꽃가루를 옮겨 수분受粉 작용을 도와주는 것이다.

지금이야 남자든 여자든 마음에 드는 상대를 보면 적극적으로 접근해 자신의 호감을 표현하는 게 이상할 것도 없지만, 예전에는 좀처럼 쉬운 일이 아니었다. 그래서 누군가 다른 사람, 즉 화조사를 통하여 편지나 선물 등을 전하곤 했다.

원래 화조사는 중국 당唐나라 때 후궁으로 데리고 올 천하의 미인을 선발하기 위하여 조정에서 파견한 사자使者를 일컫던 말이다.

횡재
橫財

[횡] 가로 · 가로막다 [재] 재물

○ '뜻밖에 재물을 얻다' 또는 '뜻밖에 얻은 재물'을 횡재라고 한다. 그런데 왜 '횡橫'이란 한자를 쓸까? 횡橫은 많은 뜻을 가지고 있다. 소나 말의 멍에를 줄로 묶어 수레와 연결하는 데 이용했던 수레 앞 부분의 가로지른 나무가 횡橫이었다. 또는 저울대를 뜻하기도 했다. 두 가지 모두 그 방향이 좌우로 가로지른 형태로 되어 있다. 그래서 '가로, 가로놓다'의 뜻이 생겼다.

사람이나 동물 등이 함부로 드나들지 못하도록 차단하기 위해 가로 질러 놓은 나무 역시 횡橫이라고 했다. 이로부터 '가로막다'란 뜻도 생겼고, 제멋대로 가로막고 못 가게 하거나 재물을 빼앗곤 한다는 뜻에서 '방자하다, 멋대로 날뛰다'도 의미했다. 횡포橫暴, 횡행橫行, 횡령橫領 등의 말이 그 예이다.

누구나 바라는 횡재이지만, 정상적으로 얻은 재물이 아니라는 뜻이 담겨 있기 때문에 무조건 좋은 말은 아니다.

훈계
訓戒

○ 학생은 선생님으로부터, 아랫사람은 윗사람으로부터, 자녀는 부모로부터, 후배는 선배로부터 종종 훈계를 받는다. 받는 입장에서 보면 괴롭고 지겨운 것이 훈계이다.

훈계는 사실 '훈訓'과 '계戒'로 구분된다. 가르치는 방법에도 긍정형과 부정형이 있다. 이를테면 "말썽 피우지 말라."는 계戒이고, "말 잘 듣거라."는 훈訓이다. 즉 '어떻게 하라'고 가르치는 것이 훈訓이라면, '어떻게 하지 말라'고 타이르는 것이 계戒이다.

훈訓의 어원은 '순하다, 따르다'는 뜻의 '순順'에서 나왔다고 한다. 자기의 좋은 말을 그대로 따라서 하라는 뜻에서 하는 말인 셈이다. 계戒는 두 손으로 창을 높이 들고 있는 모습을 본뜬 글자로, '무기를 가지고 경비하다', 즉 '경계하다'이다. 그래서 적이 침입하지 못하도록 막는 것처럼 잘못된 길로 가지 말라고 주의하고 타이르는 것을 뜻하게 되었다.

훼방
毀謗

[훼] 헐다·망치다·무찌르다 [방] 헐뜯다·비방하다

○ 훼방은 '남을 헐뜯어 비방하다, 남의 일을 방해하다'라는 뜻이다. '방해하다'라는 뜻이 들어 있기 때문인지, '훼방'을 한자로 쓰라면 방을 '謗'이 아니라 '妨'으로 쓰는 사람이 많다. '謗'으로 써야 옳다. 사실, 근거없이 헐뜯는 말보다 더 사람을 방해하는 것도 없다. 세상이 말로 인해서 사건과 불화가 일어나고, 말 때문에 말이 많기 때문이다. 그래서 화종구출禍從口出, 즉 '화는 입에서 나온다'고 했다.

훼毀는 그릇이 땅에 떨어져 깨진 모양을 형용한다. 이로부터 '헐다' 즉 '짓거나 만든 것을 깨뜨리다', '상처를 입히다'의 뜻이 생겼다. 그릇이 깨지듯 사람을 망치게 하는 것이 헐뜯는 말이기 때문에 '남을 헐어 말하다'는 뜻도 가진다. 어린 아이가 이를 가는 것을 훼毀라고 한다. 그래서 훼치毀齒는 '어린아이가 배냇니를 갈다' 또는 '배냇니를 갈 나이, 즉 칠팔 세의 어린이'를 뜻한다.

흥미진진
興味津津

[흥] 일다·일으키다·흥겹다 [미] 맛·기분 [진] 나루·언덕

○ 배가 고파 요기를 좀 하려고 두리번거리는데 중국집 배달원이 철가방을 들고 스쳐 지나가면 입에 침이 절로 고인다. 이것이 흥미진진이다. 맛있는 것을 먹거나 떠올릴 때 입에 가득 군침이 고이는 것을 말한다.

흥미興味는 오늘날 재미와 비슷한 의미로 쓰이는 경우가 많은데, 원래는 글자 그대로 '맛이 일어난다'는 뜻이다. 진津은 강을 건너기 위해 배를 대는 나루라는 뜻으로 많이 알고 있는데, 그밖에 침이 고인다는 뜻도 있다. 또한 진진津津의 경우처럼 겹쳐서 쓰면 의성어, 의태어 또는 강조의 의미가 된다.

한자를 배운지 얼마 안되는 학생들에게 앞으로 계속 자신감을 가지게 하려고 친근한 한자어의 한글 발음을 쓰라는 시험 문제를 냈다. 그중에 흥미진진도 있었다. '다들 맞았겠지.' 하고 들여다본 답안지에는 한결같이 이렇게 써 있었다. '흥미율율'

다 안다고 생각하지만 모르는 것도, 숨겨진 의미도 많은 것이 우리말 속 한자어이다. 앞으로도 한자어를 흥미진진하게 제대로 공부해보면 좋겠다.

누구나 알지만 아무나 모르는

한자어 이야기

초판 1쇄 발행 2015년 9월 9일

지은이 홍승직

펴낸곳 (주)행성비
펴낸이 임태주

책임편집 박효진
기획위원 유재연 이종욱 윤경식 김국현 박재영 이탁렬
출판등록번호 제313-2010-208호
주소 서울시 마포구 독막로 98, 상가동 201호
대표전화 02)326-5913 | 팩스 02)326-5917
이메일 hangseongb@naver.com | 블로그 http://blog.naver.com/hangseongb

ISBN 978-89-97132-75-1 (03710)

※ 값은 뒤표지에 있습니다. 잘못 만들어진 책은 구입하신 서점에서 교환해 드립니다.
※ 이 도서의 국립중앙도서관 출판시도서목록(CIP)은 e-CIP홈페이지(http://www.nl.go.kr/ecip)에서
  이용하실 수 있습니다.(CIP제어번호: CIP2015023779)

행성B잎새는 (주)행성비의 픽션·논픽션 브랜드입니다.